Matthias Blazek

„Wie bist du wunderschön!"

Westpreußen
Das Land an der unteren Weichsel

Westpreußen, mein lieb Heimatland
wie bist du wunderschön!
Mein ganzes Herz, dir zugewandt,
soll preisend dich erhöh'n
Im Weichsel-Gau ich Hütten bau,
wo Korn und Obst der Flur entsprießt,
wo Milch und Honig fließt.

Westpreußen, mein lieb Heimatland
(Westpreußenlied)

Text von Paul Felske (1838-1914), 1901,
Musik von Hugo Hartmann (1862-1907), 1902

Matthias Blazek

„Wie bist du wunderschön!"

WESTPREUSSEN
Das Land an der unteren Weichsel

ibidem-Verlag
Stuttgart

Bibliografische Information der Deutschen Nationalbibliothek
Die Deutsche Nationalbibliothek verzeichnet diese Publikation in der Deutschen Nationalbibliografie; detaillierte bibliografische Daten sind im Internet über http://dnb.d-nb.de abrufbar.

Bibliographic information published by the Deutsche Nationalbibliothek
Die Deutsche Nationalbibliothek lists this publication in the Deutsche Nationalbibliografie; detailed bibliographic data are available in the Internet at http://dnb.d-nb.de.

Umschlaggestaltung, Bildbearbeitung und Satz: Matthias Blazek

Lektorat: Günter Hagenau, Detmold

Abbildungen auf dem Umschlag: „In Treue Dein! – Deutscher Tag, Elbing, 4. Juli 1920" (Postkarte, Sammlung und Repro: Blazek), Seesteg und Kurhaus des Seebades Zoppot (Postkarte, Sammlung und Repro: Blazek), Kartenausschnitt von 1544 (Repro: Blazek)

∞

Gedruckt auf alterungsbeständigem, säurefreiem Papier
Printed on acid-free paper

ISBN-13: 978-3-8382-0357-7

© *ibidem*-Verlag
Stuttgart 2012

Alle Rechte vorbehalten

Printed in Germany

Geleitwort

Die Geschichte des Gebietes der unteren Weichsel – dem späteren West-preußen – ist ungemein wechselvoll. Dabei ist zu berücksichtigen, dass die erst nach dem Wiener Kongress von 1815 geschaffene preußische Provinz Westpreußen verschiedene Gebiete umfasste, die unterschiedliche historische Entwicklungen aufgewiesen haben.

Der größte Teil der Provinz Westpreußen bezieht sich auf das frühere Fürsten-tum Pommerellen, dass sich links der Weichsel befunden hatte und 1308 vom Deutschen Orden zusammen mit der Stadt Danzig erobert wurde. Nach dem Zweiten Thorner Frieden von 1466 ist Pommerellen zusammen mit dem weiter östlich im Gebiet des Deutschen Ordens gelegenen Bistum Ermland als „Preu-ßen Königlichen Anteils" bzw. als das „Königliche Preußen" unter die Oberho-heit des polnischen Königs gestellt worden. Beim Ordensland verblieben ist jedoch ein Teil des Bistums Pomesanien mit dem Bischofsitz in Riesenburg, der 1815 zur Provinz Westpreußen gekommen ist. Durch den Zweiten Thorner Frieden von 1466 hat der Deutsche Orden ferner die Marienburg und das da-zugehörige Umland verloren. Auf der Marienburg hatte der Hochmeister des Deutschen Ordens von 1309 bis 1464 seinen Sitz, bevor er diesen nach Kö-nigsberg verlegt hatte. Ferner gingen für den Orden die im Ordensgebiet gele-genen Städte Elbing und Thorn sowie das Kulmer Land und die Gegend um Löbau verloren.

Die dem „Königlich Preußen" im Zweiten Thorner Frieden gewährte Autonomie ist von Seiten der polnischen Könige immer mehr ausgehebelt worden, bis es zur so genannten Lubliner Union von 1569 gekommen und das „Königliche Preußen" dem Königreich Polen vollständig eingegliedert worden ist. Im Rah-men der ersten Teilung Polens ist das Gebiet, das der Deutsche Orden durch den Zweiten Thorner Frieden verloren hatte, zum Königreich Preußen ge-kommen. Hierüber zeugt das sog. „Besitzergreifungspatent" des preußischen Königs Friedrich des Großen vom 13. September 1773. Schließlich ist es auch Friedrich dem Großen zu verdanken, dass das besagte Gebiet den Namen „Westpreußen" erhalten hat.

Im Rahmen der napoleonischen Kriege ist es 1807 zur Bildung des Herzog-tums Warschau gekommen, dem das südliche Westpreußen zugeschlagen wurde. Nach der Entmachtung Napoleons durch die Befreiungskriege wurde das Herzogtum Warschau wieder aufgelöst. Im Rahmen des Wiener Kongres-ses von 1815 verschwand Polen ein weiteres Mal von der Landkarte Europas. Die Grenze Westpreußens zum zaristischen Russland wurde wenige Kilome-ter östlich von Thorn festgelegt.

Nach dem Ersten Weltkrieg wurde Westpreußen aufgrund des Versailler Vertrages von 1919 mehrfach geteilt. Der größere Teil kam an das wiedererrichtete Polen. Die Gebiete rechts der Weichsel mit den Kreisen Elbing, Marienburg, Stuhm, Marienwerder und Rosenberg sowie im Westen die Kreise Deutsch Krone, Flatow und Schlochau blieben beim Deutschen Reich. Danzig mit seinem Umland wurde zur Freien Stadt erklärt. Der Ausgang des Zweiten Weltkrieges führte zu Flucht und zur Vertreibung der deutschen Bevölkerung und zum Untergang Westpreußens.

Es sind immer wieder Anläufe gemacht worden, die besondere Geschichte Westpreußens einigermaßen in den Griff zu bekommen. Dabei ist zu problematisieren, dass dieses Gebiet nicht nur sprachlich und konfessionell gespalten war, sondern auch von Polen und Deutschen über die Jahrhunderte hinweg gleichermaßen beansprucht worden ist. Dies hat nicht nur zu einer zuweilen kontrovers geführten Geschichtsschreibung geführt, sondern auch zur Bildung von verschiedenen Geschichtsvereinen. Zu nennen ist die 1844 in Königsberg i. Pr. gegründete „Altertumsgesellschaft Prussia", deren Forschungsgebiet sich auch auf Westpreußen erstreckt hat und in deren Nachfolge sich die 1972 neu gegründete „Prussia. Gesellschaft für Heimatkunde Ost- und Westpreußens" mit Sitz in Duisburg sieht. 1854 wurde der „Coppernicus-Verein für Wissenschaft und Kunst" zu Thorn gegründet und etwas später im Jahr 1875 das polnische Gegenstück „Towarzystwo Naukowe w Toruniu" (TNT) (Wissenschaftliche Gesellschaft zu Thorn). Die 1961 mit Sitz in Münster/Westf. gegründete „Copernicus-Vereinigung für Geschichte und Landeskunde Westpreußens" sieht sich in der Nachfolge des vorgenannten „Coppernicus-Vereins" zu Thorn von 1854 und des 1880 in Danzig gegründeten und ebenfalls untergegangenen „Westpreußischen Geschichtsvereins". Von den regionalen Vereinen sind zu erwähnen der 1876 gegründete „Historische Verein für den Regierungsbezirk Marienwerder" und die 1873 gegründeten „Elbinger Altertumsgesellschaft", als deren Nachfolge sich die nach dem Zweiten Weltkrieg gegründete „Truso-Gesellschaft" sieht. Einen größeren geographischen Rahmen hatte der 1873 gegründete „Verein für die Geschichte Ost- und Westpreußens", den es leider auch nicht mehr gibt und deren „Mitteilungen" vom Verein für Familienforschung in Ost- und Westpreußen als Sonderschrift 75 nachgedruckt worden sind. Die 1923 in Königsberg i. Pr. gegründete Historische Kommission für ost- und westpreußische Landesforschung konnte nach dem Zweiten Weltkrieg fortgesetzt werden.

Es ist erfreulich, dass sich das deutsch-polnische Verhältnis derart entspannt hat, dass in vielen Dingen eine gemeinsame Bewertung historischer Umstände vorgenommen werden konnte. Auch ist es erfreulich, dass auch in jüngster Zeit Veröffentlichungen zu finden sind, die zum Thema „Westpreußen" den einen oder anderen Aspekt herausarbeiten. Möge das hier vorgelegte Werk von Matthias Blazek ein weiterer Schritt in dieser Richtung sein.

Celle, im Januar 2012

Reinhard Wenzel
Vorsitzender des Vereins für Familienforschung in Ost- und Westpreußen

Vorwort

Westpreußen war von 1815 bis 1918 eine preußische Provinz beiderseits der unteren Weichsel. 1919 kam es zum größten Teil an Polen. Von 1939 bis 1945 bestand der Reichsgau Danzig-Westpreußen, und 1945 kam der Landstrich unter polnische Verwaltung.

Das ist in wenigen Worten über die Geschichte dieses Landstriches zu sagen, über den viel geschrieben worden ist und bei dem man inzwischen den Eindruck gewonnen zu haben scheint, dass die Historie im Jahre 1945 endet, als zwischen Januar und Mai die sowjetische Rote Armee auf ihrem Vormarsch zur Weichselmündung das Land besetzte.

Aus noch näher zu erörternden Gründen kam die Aufarbeitung der Geschichte des Landes in seinem Zustand nach 1945 fast zum Erliegen. Als Ausnahmeautor mag an dieser Stelle bereits Dr. Hans-Werner Rautenberg (1938-2009) angeführt werden, der mit „Westpreußen nach 1945" einen wertvollen Beitrag zu einem Sammelband geliefert hat.

In dem vorliegenden Buch soll der Versuch unternommen werden, die Geschichte Westpreußens bis in die jüngste Gegenwart zu verfolgen. Ein Schwerpunkt soll die Beschreibung des Nebeneinanders von polnischer und deutscher Bevölkerungsteile im ländlichen Raum sein. Nach dem Ergebnis der reichsweiten Volkszählung von 1910 gaben 65 Prozent der Bewohner Westpreußens Deutsch, 28 Prozent Polnisch und sieben Prozent Kaschubisch als Muttersprache an. 22 000 Einwohner bezeichneten sich als doppelsprachig.

Auf Vollständigkeit soll hier nicht abgestellt werden, lediglich einige besondere Schwerpunkte sollen gebildet werden, die sonst eher am Rande Erwähnung finden, seien es die Verfehlungen der Einwohner der Halbinsel Hela im Jahre 1836, die Westpreußen betreffenden Inhalte der „Geschichte der Lande Preußen Königl. Polnischen Antheils" des Danziger Historikers in der Zeit der Aufklärung, Dr. Gottfried Lengnich (1689-1774), oder die Gebietsverschiebungen im Zuge der drei polnischen Teilungen des 18. Jahrhunderts.

Am Ende bedeutet das Verfassen dieses Buches für den Autoren zugleich das Aufarbeiten der eigenen Geschichte, da seine Ururgroßeltern Johann und Katharina Błach bei der Geburt des Urgroßvaters Joseph Blazek Ende 1879 in Raikau im westpreußischen Landkreis Preußisch Stargard lebten. Darüber, wie auch über den Wechsel des Lebensmittelpunktes nach dem Ruhrgebiet, werden einige Worte zu verlieren sein.

Schließlich gewährt der Autor einen Blick in sein digitales Bildarchiv und hofft, mit der einen oder anderen Besonderheit überraschen zu können.

Matthias Blazek

7

Gliederung

Geschichtliches aus Westpreußen

Westpreußen war eine Provinz des Staates Preußen beiderseits der unteren Weichsel mit der Hauptstadt Danzig. Sie wurde 1772/1793 zur Zeit der Ersten und Zweiten Teilung Polens aus annektierten Gebieten des Preußens königlichen Anteils gebildet und umfasste das Kulmerland, Pomesanien, Pommerellen sowie Teile Großpolens.

Dass Westpreußen „Westpreußen" heißt, obwohl es weit im Osten der preußischen Monarchie liegt, hängt damit zusammen, dass das Gebiet dieser Provinz einmal weitgehend identisch war mit der Westregion des auf altpreußischem (pruzzischem) Boden begründeten Ordensstaates, die dieser 1466, ebenso wie das Ermland, eingebüßt hatte.[1]

Lage

Im Neuen Conversations-Lexikon für alle Stände aus dem Jahr 1859 heißt es in der Beschreibung des Königreiches wie auch der Provinz des preußischen Staates Preußen zur Geographie Westpreußens:[2] „Sehr zahlreich sind die stehenden Gewässer; man zählt in Ostpreußen 300, in Westpreußen 150 Landseen. Die Provinz hat interessante Meerbusen oder vielmehr Strandseen. Hierher gehören vor Allem das frische und das kurische Haff. Von ähnlicher Beschaffenheit, wie die Haffe, nur kleiner und mehr dem Meere geöffnet, ist das Putziger- oder Pautzkerwiek zwischen Röckshöft (sic!) und Danzig, dessen Nehrung in der Erdzunge Hela, einer Fortsetzung der Hügelkette zwischen Pommern und Westpreußen, besteht. Unter den Landseen nennen wir den Spirdingsee (12–14 Meilen Umfang), den Mauersee (6 Meilen lang), den Gnesevich (sic!)[3] (alle in Ostpreußen), den Drausensee und den Goplo. Die Weichsel, der Hauptstrom, kommt aus Polen, theilt sich bei Montau in 2 Arme, wovon der rechte, die Nogat, sich ins frische Haff ergießt, der linke aber, der den Namen Weichsel behält, sich bei Fürstenwalde abermals in 2 Arme theilt; von diesen mündet der rechte, die alte und elbinger Weichsel, ins frische Haff, und der linke, die danziger Weichsel, unterhalb Danzig bei Weichselmünde unter den Namen Neufahrwasser in die Ostsee. Die Nogat hat 2 Mündungen, u. ein dritter Arm nimmt die Sorge, den Abfluß des Drausensee's, auf. Zur Weichsel fließen links von Westpreußen her die Drewenz, Brahe, Ferse etc. Die Küddow geht zur Netze u. die Rheda ins putziker Wieck."

---

[1] Kohtz, Harald, Westpreußen – Land an der unteren Weichsel, Würzburg 2001, S. 5.
[2] Meyer, Hermann Julius (Hrsg.), Neues Conversations-Lexikon für alle Stände, in Verbindung mit Staatsmännern, Gelehrten, Künstlern und Technikern, unter der Redaktion der Herren Dr. L. Köhler und Dr. Krause, 12. Bd., P-Radesyge, Hildburghausen und New York 1859, S. 1104.
[3] Schreibweise bereits in: Fick, Johann Christian (Bearb.), Geographisch-statistische Beschreibung aller Staaten und Nationen der Erde, erster Teil, Nürnberg 1817, S. 295. Der „Versuch einer wirthschaftlichen Naturgeschichte" aus dem Jahr 1782 (S. 471) nennt den See bei Deutsch Eylau „Gneserich". Richtige Schreibung lt. Reinhard Wenzel, VFFOW: Geserich.

Der Jurist und Kunsthistoriker Carl von Lorck (1892-1975) veröffentlichte 1967 im Weidlich Verlag in Würzburg seine Erinnerung an Ostpreußen, Westpreußen und Danzig. In der Einführung schrieb er:[4]

Das alte preußische Ordensland ist eines der vielfältigsten unter den deutschen Ländern, und niemand wird uns verwehren, die wir dort gelebt haben, es für eines der schönsten zu halten. Sein Reichtum umfaßt die Meeresküsten und Häfen an der Ostsee, die fruchtbaren Niederungen des Danziger, Marienburger und Elbinger Werder, die großartige Steilküste des Samlandes bis zu den einzigartigen Wanderdünen der Kurischen Nehrung. Es umfaßte die Haffe, das Frische und das Kurische Haff, die zahlreichen Flußtäler und Kanäle, die weiten riesigen Seenplatten und unübersehbar tiefen Wälder, und als Hauptkerngebiet das leichtgewellte Ackerland, das sich überall ausdehnte, Zeugnis der schweren, ertragreichen Arbeit der Landwirtschaft. Zu ihm gehörten die kulturreichen alten Städte, die großen wie Danzig und Königsberg, und die kleineren ohne Zahl, die Dörfer, die Guts- und Bauernhäuser.

Die deutsche Kolonisation in Osteuropa

Die deutsche Kolonisation in Osteuropa erfolgte im Allgemeinen auf friedlichem Wege. Von kleinen Streitfällen abgesehen, ist die einzige Ausnahme die Unterwerfung des bis dahin heidnischen Preußen durch den Deutschen Ritterorden. Das Volk der Prußen hatte lange Zeit alle Versuche der Polen, sie zum Christentum zu bekehren, abgewehrt. Schließlich ersuchte der polnische Herzog Konrad I. von Masowien (1187/88-1247) im Jahre 1226 den 1191 im Heiligen Land gegründeten Deutschen Orden, ihm bei der Christianisierung der Preußen zu helfen.[5]

Szene aus dem Heidelberger Sachsenspiegel, die die deutsche Ostsiedlung um 1300 darstellt. Im oberen Bildteil erhält ein Lokator (mit Hut) eine Gründungsurkunde von einem Grundherrn und beginnt mit der Gründung eines Dorfes. Im unteren Bildteil agiert er in einem fertiggestellten Dorf als Richter. Digitale Sammlung Blazek

---

[4] Lorck, Carl von, Erinnerung an Ostpreußen, Westpreußen und Danzig, Frankfurt am Main 1967, S. 5 f.

[5] Ostpreußen, in: Bertelsmann Hausatlas, Gütersloh 1960, S. 124. Daraus auch die folgenden zwei Passagen.

Der Deutsche Orden zählt neben den Johannitern und Templern zu den drei gro-ßen geistlichen Ritterorden. Er wurde als Hospitalbruderschaft vor Akkon (Isra-el) gegründet. Im Jahre 1189 oder 1190, während des dritten Kreuzzuges, richte-ten Kaufleute aus Bremen und Lübeck vor Akkon ein Feldspital ein, aus dem dann der Deutsche Orden hervorging. Es war das erste Haus des Ordens. Bis 1196 entstanden im Heiligen Land noch fünf Häuser und 1197 zwei weitere in Barletta und Palermo, den wichtigen Kreuzfahrerhäfen in Süditalien und Sizi-lien. Im Oktober 1258 erklärten die Meister der Templer, der Johanniter und des Deutschen Ordens ihre Konflikte im Heiligen Land für beendet, legten ein Ver-fahren für den Ausgleich fest und beschlossen ein gemeinsames Vorgehen gegen die nichtchristlichen Gegner. Nach dem Fall Akkons am 18. Mai 1291, der das Scheitern der Kreuzzüge endgültig besiegelte, zog sich der Orden nach Venedig zurück.[6]

Kolonisation mit Kreuz, Schwert und Pflug

Die Ausbreitung des Christentums und die Gewinnung neuen Siedlungslandes in weniger dicht besiedelten Gebieten waren die Hauptmotive der deutschen Ost-siedlung. Der Orden gewährte dem Herzog von Masowien die erbetene Waffen-hilfe, da er im Preußenlande die Errichtung eines eigenen christlichen Staates plante. Bis zur Mitte des 15. Jahrhunderts entwickelte sich der Ordensstaat mit seiner blühenden Kultur und Wirtschaft. Schon in dieser Zeit wurde das heutige Gesicht der preußischen Gebiete geprägt. Die Blüte hielt an, als der Ordensstaat etwa ab 1450 zu zerfallen begann. Zuerst löste sich das Gebiet, das dem späteren Westpreußen entspricht, und begab sich für über 300 Jahre unter die Herrschaft der polnischen Krone. Die nordöstlichen Gebiete folgten. Der Kern des Ordens-staates, Ostpreußen, wurde 1525 ein weltliches Herzogtum, das knapp hundert Jahre danach an die Brandenburger, die Herren des späteren preußischen König-reiches, fiel.

Im 16. und 17. Jahrhundert wurden slawische Völker, die Litauer und die Ma-sowier, im nordöstlichen und südlichen Grenzgebiet sesshaft. Unter den Preu-ßenkönigen kamen neue Bevölkerungsteile hinzu. Protestanten, die in ihrer Heimat aus Glaubensgründen verfolgt wurden, strömten aus Frankreich und aus dem Fürstbistum Salzburg herbei, Pfälzer, Hessen und Schwaben folgten.

Schon unter der Hoheit des Ordens herrschte ein sehr reges geistiges und kultu-relles Leben, als dessen Zeugen sich vor allem zahlreiche wertvolle Bauten zwi-schen Danzig und Memel und darüber hinaus in den baltischen Ländern bis ins 20. Jahrhundert erhielten. Nachdem der letzte Hochmeister, Herzog Albrecht von Brandenburg-Ansbach (1490-1568), sein Land der Reformation erschlossen und im Jahre 1544 die Universität in Königsberg gegründet hatte, kam es zu ei-ner neuen Blüte, die bis in die Gegenwart anhielt. Immanuel Kant (1724-1804),

---

[6] Vgl. Arnold, Udo, Der Deutsche Orden im Heiligen Land – Schwerpunkte seiner Entwick-lung, in: Piana, Mathias (Hrsg.), Burgen und Städte der Kreuzzugszeit, Petersberg 2008, S. 81-88, Forstreuter, Kurt, Der Deutsche Orden am Mittelmeer (Quellen und Studien zur Ge-schichte des Deutschen Ordens 2), Bonn 1967, S. 35-53.

Johann Gottfried Herder (1744-1803), Arthur Schopenhauer (1788-1860), Andreas Schlüter (1659-1714), Lovis Corinth (1858-1925), E. T. A. Hoffmann (1776-1822), Arno Holz (1863-1929), Hermann Sudermann (1857-1928), Ernst Wiechert (1887-1950) und der Mediziner Emil von Behring (1854-1917) seien für viele Ostpreußen genannt, die für die deutsche Kultur Bedeutung hatten.

Der deutsche Bakteriologe und Serologe Emil von Behring wurde am 15. März 1854 in Hansdorf, Kreis Rosenberg in der Provinz Westpreußen, geboren. Er war Träger des ersten Nobelpreises für Physiologie oder Medizin (1901). Digitale Sammlung Blazek

Im Jahr 1224 gab der Pommerellen-Herzog Swantopolk II. (um 1195-1266) dem Ort Danzig (heute *Gdańsk*) Stadtrechte.[7] Das 1237 vom Deutschen Orden gegründete Elbing (*Elbląg*) erhielt 1241 das Stadtrecht.[8]

Ein Missionsunternehmen machte den Hochmeister des Deutschen Ordens Hermann von Salza von der Ausstellung umfangreicher Privilegien abhängig. Am Ende der Verhandlungen mit Kaiser Friedrich II. im März 1226 stand die „Goldene Bulle von Rimini", eine Urkunde mit einem Goldsiegel, die u. a. „das Kulmerland, die Schenkung Konrads von Masowien, und alle künftigen, den Heiden abzugewinnenden Gebiete des Ordens in den kaiserlichen Schutz stellt". Die Goldene Bulle von Rimini wurde zwar 1235 von Friedrich II. ausgestellt, aber auf das Jahr 1226 zurückdatiert. Das Kaiserprivileg, die Goldene Bulle von

---

[7] Vgl. Hirsch, Theodor, Danzigs Handels- und Gewerbsgeschichte unter der Herrschaft des Deutschen Ordens, Leipzig 1858, S. 10; Pawlowski, Josef Nikodemus, Geschichte der Provinzial-Hauptstadt Danzig von den ältesten Zeiten bis zur Säcularfeier ihrer Wiedervereinigung mit Preußen 1893, Danzig 1893, S. 119. Zur den deutschen Ortsnamen in Polen aus kartographisch-historischer Sicht vgl. Białek, Edward; Tomiczek, Eugeniusz (Hrsg.), Orbis linguarum, Bd. 31 (= Festgabe für Prof. Dr. Ilpo Tapani Piirainen), Wrocław 2007, S. 79.
[8] Dazu schreibt Schuch, Hans-Jürgen, Elbing – Aus 750 Jahren Geschichte der Ordens-, Hanse- und Industriestadt, Berlin/Bonn, Bad Münstereifel u. a. 1989, S. 23: „Mindestens seit 1242 siegelten die Elbinger mit einem Siegel wie sonst nur mit Stadtrecht ausgestattete Städte. Elbing war tatsächlich schon damals eine Stadt."

Rimini, gewährte dem Orden die Ausübung der Gerichtsbarkeit und Landeshoheit in diesen Gebieten, freilich ohne Dienste und Verpflichtungen gegenüber dem Reich.[9]

Die Eroberung des Landes und die Bulle von Rieti 1234

Im Jahr 1231 überschritt der Deutsche Orden die Weichsel. Es folgte die Gründung von Städten im Kulmerland. Zu erwähnen ist in diesem Zusammenhang das Privileg der Städte Kulm und Thorn, die so genannte Kulmer Handfeste, aus dem Jahr 1233. In der „zweiten Gründungsurkunde" des Ordensstaates, der Bulle von Rieti von 1234, nahm Papst Gregor IX. (um 1167-1241) sowohl das von Herzog Konrad von Masowien geschenkte wie das noch von den Heiden zu erobernde Land, das nach mittelalterlicher Anschauung als „herrenlos" galt, in „ius et proprietatem beati petri".[10]

Ab 1231 setzte die Tätigkeit des Deutschen Ordens in Preußen ein. Auf dem Sektor der Städtegründung lassen sich im 13. Jahrhundert deutlich drei Phasen unterscheiden: von 1231-1237 Stadtgründungen auf Initiative des Ordens, 1238-1283, das heißt, bis zum Abschluss der Eroberung Preußens, äußerst geringe Gründungsaktivitäten, und in den folgenden Jahrzehnten wieder zahlreiche Stadtgründungen. Wie wir in den preußischen Annalen lesen können, wurde in der ersten Phase fast jedes Jahr eine Stadt gegründet: 1231 Thorn (*Toruń*), 1232 Kulm (*Chełmno*), 1233/34 Marienwerder (*Kwidzyn*), 1237 Elbing und – nicht genau datierbar – Rehden (*Radzyń Chełmiński*).[11]

Noch im Jahre 1309, wenige Zeit nach der Veröffentlichung des päpstlichen Sendschreibens an die Ritter, verließ der Hochmeister Venedig. Die Marienburg an der Nogat wurde zum künftigen Hauptsitz und Mittelpunkt der Ordensverwaltung ausersehen.[12]

Das westlich der Weichsel gelegene Pommerellen mit der Stadt Danzig kam erst 1309 in Ordensbesitz und war kirchlich anders organisiert als die bereits vom Deutschen Orden eroberten Gebiete östlich der Weichsel und die Landstriche, deren Eroberung angestrebt wurde, wie das Samland und die Wildnis zum Siedlungsgebiet der Litauer hin; es gehörte zum Bistum Leslau (*Włocławek*). Innerhalb des Archidiakonats Pommerellen der Diözese Leslau, der größten kirchli-

---

[9] Gruber, Thorsten, Die Polemik zwischen dem Deutschen Orden und Polen-Litauen (1386-1422), München 2010, S. 1. Mit großer Wahrscheinlichkeit sind die beiden Exemplare der Goldenen Bulle von Rimini zwischen Mai und August 1235 hergestellt worden, als Kaiser Friedrich mit Hermann und Petrus oft gemeinsam agierte. Rader, Olaf B., Friedrich II. – Der Sizilianer auf dem Königsthron, Eine Biographie, 3. Aufl., München 2011, S. 319.
[10] Schmoll, Carina Melanie, Die Quellen über die Anfänge des Deutschen Ordens in Preußen (1226/1228-1283) – Dokumente einer „Staatsgründung"?, Hausarbeit, München 2007, S. 6.
[11] Zit. n. Arnold, Udo (Hrsg.), Stadt und Orden – Das Verhältnis des Deutschen Ordens zu den Städten in Livland, Preußen und im Deutschen Reich, Marburg 1993, S. 97.
[12] Schlözer, Kurd von, Die Hansa und der deutsche Ritter-Orden in den Ostseeländern, Berlin 1851, S. 101.

chen Verwaltungseinheit in Pommerellen, gab es höchstwahrscheinlich bereits im 13. Jahrhundert kleinere Einheiten: die für die Struktur der polnischen Kirchen typischen Dekanate.[13] Das erste Dekanat, das Dekanat von Subkau (*Subkowy*), wird 1309 genannt. Erster dort erwähnter Dekan ist der Pfarrer Johannes, der 1309 als *Joannes decanus et plebanus in Supkow* zusammen mit dem Abt von Pelplin (*Pelplin*) und dem Johanniterkomtur von Liebschau (*Lubiszewo Tczewskie*) eine Urkunde ausstellte.[14]

Im ersten bekannten Dekanatsverzeichnis der Diözese Leslau aus der ersten Hälfte des 14. Jahrhunderts werden drei Dekanate im Archidiakonat Pommerellen genannt, und zwar in Danzig, Dirschau und Schwetz (*Świecie*).[15]

Die Domkirche von Marienwerder wurde in den Jahren 1343 bis 1384 als Domkirche des Bistums Pomesanien in Preußen erbaut. Marienwerder war im Jahre 1233 von dem Edlen Hermann Balk, dem 1239 gestorbenen Landmeister des Deutschen Ordens, gegründet worden. Es war nach Thorn und Kulm die dritte Gründung und die erste im heidnischen Preußenland.

Am 14. September 1351 wurde der Ordensmarschall in Königsberg Winrich von Kniprode (1310-1382) in der Marienburg zum Hochmeister gewählt. Unter ihm erreichte der Orden seinen Höhepunkt, zugleich erlebte das Rittertum seine Blütezeit. Zeitgenossen beschrieben Winrich von Kniprode als „stattlich von Person, geistvoll und scharfsinnig". 31 Jahre stand er dem Orden vor, bis er am 24. Juni 1382, „vom Schlage gerührt", im Alter von 72 Jahren starb.[16]

Die Schlacht bei Tannenberg

Der „Große Krieg" zwischen dem Deutschen Orden in Preußen und Polen-Litauen 1409-1411 erreichte mit der schweren Niederlage des Ordens in der Schlacht bei Tannenberg (*Stębark*) am 15. Juli 1410 seinen Höhe- und Wendepunkt. Im Mai 1409 begann der Krieg, im Juli des darauf folgenden Jahres kam es im südlichen Zentrum des Ordenslandes zur entscheidenden Schlacht. Am 15. Juli 1410 stießen die Heere im östlichen Masuren aufeinander. Laut deutscher Forschung umfasste das Ordensheer 12 000 bis 15 000 Mann, das polnische Heer rund 20 000 Mann. Die Schlacht bei Tannenberg, in Polen nach dem Nachbardorf als „Schlacht bei Grunwald" bezeichnet, ist das epochale Ereignis im Spätmittelalter. Nach der Schlacht bei Tannenberg am 15. Juli 1410 wurden die von

---

[13] Wünsch, Thomas, Das Reich und Polen – Parallelen, Interaktionen und Formen der Akkulturation im hohen und späten Mittelalter (Vorträge und Forschungen 59), Ostfildern 2003, S. 259.

[14] Perlbach, Max, Pommerellisches Urkundenbuch, Danzig 1885, Neudruck Aalen 1969, S. 593.

[15] Wünsch, wie oben.

[16] Vgl. Kessler, Wolfgang, Winrich von Kniprode – Gestalt und Wirkung des Hochmeisters des Deutschen Ordens in der Blütezeit des Ordensstaats Preußen (1352-1383) (Arbeitshilfe Nr. 38/1982), hrsg. vom Bund der Vertriebenen, 1982.

den siegreichen Polen und Litauern erbeuteten Banner des Ordensheeres in der Kathedrale der Krakauer Königsburg „Wawel" als Siegestrophäe aufgehängt.[17]

In den Jahren 1411 und 1466 wurden in Thorn zwischen dem Deutschen Orden und Polen Friedensschlüsse ausgehandelt. Unter dem 1. Februar 1411 (*Actum in Thorun die dominico in vigilia purificacionis sancte Marie*) schloss der Hochmeister Heinrich von Plauen (1370-1429) mit Polen den Frieden zu Thorn. Die Deutschherren mussten beträchtliche Gebietsverluste hinnehmen sowie eine schmerzliche Geldstrafe entrichten.[18]

Im Jahre 1411 kam das im Vorjahr von den Polen eroberte Dirschau (*Tczew*) an den Orden zurück. Der Danziger Rat schickte Kunz von Quernfurt, Vogt von Dirschau, einen Fehdebrief, wegen dessen der Komtur zu Danzig die beiden Bürgermeister Danzigs Konrad Letzkau und Arnold Hecht sowie Letzkaus Schwiegersohn, den Ratmann Bartholomeus Groß, am Montag nach dem Palmsonntag 1411 enthaupten ließ.[19]

Im Jahre 1454 wurde das Königliche Preußen in das Königreich Polen „inkorporiert". Die Bedingungen und Umstände, unter welchen Westpreußen damals an Polen kam, waren andere als diejenigen, unter denen es 1772 und Posen 1815 mit dem Königreich Preußen vereinigt wurde. Das so genannte „Inkorporationsprivileg" vom 6. März 1454 war die Antwort des Königs von Polen auf die von dem Preußischen Bund und den in ihm vereinigten deutschen Ständen angebotene Unterwerfung des ganzen Landes Preußen vor Beginn ihrer Erhebung gegen die Oberherrschaft des Deutschen Ordens gewesen.[20] Für Westpreußen, das „Königliche Preußen" oder die „Preußischen Lande Königlich Polnischen Anteils", bildet die „Inkorporation" von 1454 die Grundlage für das Verhältnis zu Polen bis 1569.[21]

Wolfgang Menzel schreibt über die Vorkommnisse in Danzig und Marienwerder in den folgenden Jahren:[22]

Nun regte sich aber doch bald ein Widerwille der deutschen Bevölkerung gegen die polnische Herrschaft. In Thorn brach ein Aufstand aus und sogar in Danzig, das in dieser Zeit des öffentlichen Unglücks auf eine grausame Weise seinem

---

[17] Ausführlich: Niemann, Albert, Die Schlacht bei Tannenberg – Ihre Ursachen, Folgen und Bedeutung nach Quellen deutscher und litauischer Historie dargestellt, Verlag der Allgemeinen Litauischen Rundschau, 1910; Werminghoff, Albert, Die Schlacht bei Tannenberg (15. Juli 1410) und ihre Bedeutung für das Deutschtum im Osten, Berlin 1910; Ekdahl, Sven, Die Schlacht bei Tannenberg 1410 – Quellenkritische Untersuchungen, Bd. 1: Einführung und Quellenlage, Berlin 1982.

[18] Landsmannschaft Westpreußen (Hrsg.), Westpreußen-Jahrbuch – Aus dem Land an der unteren Weichsel, Bd. 56/57, Münster 2006/2007, S. 103.

[19] Altpreußische Monatsschrift, neue Folge, hrsg. von Rudolf Reicke und Ernst Wichert, Sechster Bd., Königsberg i. Pr. 1869, S. 298.

[20] Schumacher, Bruno, Geschichte Ost- und Westpreußens, 6. Aufl., Würzburg 1977, S. 179.

[21] Sante, Georg Wilhelm, Geschichte der deutschen Länder – „Territorien-Ploetz", 1. Bd., Würzburg 1971, S. 579.

[22] Menzel, Wolfgang, Geschichte der Deutschen bis auf die neuesten Tage, vierte, umgearbeitete Ausgabe, Stuttgart und Tübingen 1843, S. 567 f.

Privatvortheil gefröhnt hatte. Schon lange sah die Altstadt mit Neid auf die s. g. junge Stadt, die sich allmählich an sie angebaut, und jetzt ergriff sie die Gelegenheit, sich vom König Kasimir, der ihr auf jede Art schmeichelte, die Niederreißung der jungen Stadt zu erbitten, die auch wirklich erfolgte; 1400 Häuser mit Kirchen und Klöstern wurden der Erde gleich gemacht (1455). Im folgenden Jahr, nachdem der Schandkauf zu Marienburg geschlossen war, stellte sich zu Danzig der Syndikus Martin Kogge an die Spitze der deutschen Partei und wollte die Stadt dem Orden wiedergewinnen, allein es mißlang ihm und er mußte sein Haupt auf den Block legen. Desto schöner gelang aber 1457 das Unternehmen des heldenmüthigen Bürgermeisters von Marienburg, Bartholomäus Blume, der diese Stadt, obgleich Czirwenka mit den Böhmen jetzt als polnischer Commandant darin hauste, bei Nacht dem wackern Zinnenberg öffnete. Alle Böhmen wurden erschlagen, die nicht auf das Schloß flüchten konnten. Hier aber wehrten sie sich tapfer und beschossen unaufhörlich die Stadt. Auch wurden sie von den Danzigern und bald auch von den Polen unterstützt, so daß sie die Stadt, in der neben Blume der Hauptmann Augustin von Trotzler befehligte, in große Noth brachten. Damals starb der alte Baisen auf dem Schlosse. Zinnenbergs Anstrengungen, die Stadt zu entsetzen, gelangen nicht. Der Hochmeister selbst erlitt zweimal, als er ihr zu Hülfe zog, Niederlagen, und so mußte sich endlich die schon um mehr als die Hälfte gelichtete Bürgerschaft ergeben. Unedelmüthig ließ König Kasimir den wackern Trotzler im Kerker verschmachten und den Bürgermeister Blume köpfen, 1460. Inzwischen dauerte der kleine Krieg fort, bis der Hochmeister endlich wieder ein größeres Heer zusammenbrachte. Dieses aber erlitt bei Zarnowicz (im Putziger Winkel) eine furchtbare Niederlage und wurde in die Verhaue, die es den Polen gelegt hatte, selbst getrieben und zum Theil wehrlos abgeschlachtet, 1462. Auch eine neue Verschwörung des Seifensieders Koch in Danzig mißlang, 22 Mitschuldige wurden hingerichtet, viele Ordensknechte, die in die Stadt eingedrungen waren, ersäuft. Zu allem Elend kam 1463 noch eine Pest, die in Danzig allein 20,000 Menschen hinraffte. Doch dauerte das wechselseitige Sengen und Brennen noch bis zur gänzlichen Erschöpfung des Landes fort. Erst 1466 schloß man endlich den Frieden zu Thorn, in welchem der Hochmeister, von der Hülfe des deutschen Reichs gänzlich verlassen, nicht bloß Westpreußen an Polen abtreten, sondern auch sogar das noch übrige Ordensland Ostpreußen von der Krone Polen zu Lehn nehmen mußte. Unmittelbar darauf starb er, von Kummer und Schmach niedergedrückt.

Im Zweiten Thorner Frieden von 1466 musste der Hochmeister des Deutschen Ordens Polen den Treueeid leisten und bedeutende Teile seines Territoriums abtreten. Der Deutsche Orden trat Pommerellen (Danzig), Kulm (mit Thorn) (Kulmerland), Elbing, Christburg (Dzierzgoń) und Marienburg (*Malbork*) samt den Hochstiften Ermland (*Warmia*) und Kulm an Polen ab.[23]

---

[23] Köbler, Gerhard, Historisches Lexikon der deutschen Länder – Die deutschen Territorien vom Mittelalter bis zur Gegenwart, München 2007, S. 783.

Preußen und Danzig. Ausschnitt aus der „Tabvla Moderna Sarmatie Eur/opaeae/ sive Hvngarie, Polonie, Rvssie, Prvssie et Walachie" (Holzschnitt) im Straßburger Ptolemäus 1513. Tobies, Tausend Jahre Danzig, S. 127. Repro: Blazek

Im Jahre 1514 suchte eine furchtbare Pest die ganze Gegend um Dirschau, Schöneck (*Skarszewy*), Pelplin und Stargard (*Starogard Gdański*) heim, und 1520 wurden dieselben Landstriche durch deutsche Söldnertruppen, die dem Hochmeister Albrecht von Brandenburg zu Hilfe zogen, im Sturm erobert und der ganze Kreis gebrandschatzt und verheert. Mehr als 3048 Gulden, für jene Zeit eine namhafte Summe, wurde von denselben Söldnern in dieser an und für sich armen Gegend erpresst.[24]

Reformation in Westpreußen und Gegenreformation

Versucht man, das etwa ein Jahrhundert dauernde Zeitalter der Reformation und Gegenreformation in Westpreußen in seinen Grundzügen zu erfassen, so wird man Folgendes als wesentlich herausstellen müssen: Es war natürlich, dass sich die Reformation Martin Luthers (1483-1546) in Westpreußen – ebenso wie in Ostpreußen – überall dort ausbreitete, wo Deutsche lebten. Der Einzug der Reformation in Westpreußen lässt sich grob an folgenden Eckdaten festmachen: 1518 Danzig, 1523 Elbing, 1524 Braunsberg, 1526 Marienburg, 1530 Thorn, 1555 Neuteich.

Die Gegenreformation begann in Westpreußen und Posen im Jahre 1520. Für die Masuren und Litauer wurde der Sieg der Gegenreformation in Polen insofern von großer Bedeutung, als die Einwanderung aus Polen und Litauen nach Preu-

---

[24] Muhl, John, Geschichte der Domäne Sobbowitz (Studien zur westpreußischen Gütergeschichte, I), Quellen und Darstellungen zur Geschichte Westpreußens, hrsg. vom Westpreußischen Geschichtsverein, Danzig 1925, S. 41.

ßen jetzt aufhörte und die bisher Eingewanderten durch die Verschiedenheit des Bekenntnisses von ihren ehemaligen Volksgenossen getrennt und durch die Gemeinschaft im Luthertum mit der deutschen Bevölkerung fest verbunden wurden.[25]

Im Jahre 1544 wurde in Basel die „Cosmographia", eine Erdbeschreibung des deutschen reformatorischen Theologen und Humanisten Sebastian Münster (1488-1552), gedruckt: „Beschreibung aller Lender durch Sebastianum Munsterum in welcher begriffen, Aller völcker, Herrschafften, Stetten, vnd namhafftiger flecken, herkommen: Sitten, gebreüch, ordnung, glauben, secten, vnd hantierung durch die gantze welt, vnd fürnemlich Teütscher nation. Was auch besunders in iedem landt gefunden, vnnd darin beschehen sey. Alles mit figuren vnd schönen landt taflen erklert, vnd für augen gestelt." Auf der Karte von „Prueßen" finden sich bereits die westpreußischen Städte Bütow, Danzig, Elbing, Marienburg, Putzig, Stargard und Strasburg. Namentlich wird dort ebenfalls die Halbinsel Hela („Hell") hervorgehoben, die erst 1772 an das Königreich Preußen fiel.

Karte Preußens, erstellt 1576 in Elbing von Caspar Henneberg von Erlich (1529-1600). Pommerellen wurde dort nicht zu Preußen gerechnet.

---

[25] Krause, Gustav: Die Reformation und Gegenreformation im ehemaligen Königreiche Polen, besonders in den jetzt preußischen Provinzen Posen und Westpreußen, Posen 1901; Neumeyer, Heinz, Kirchengeschichte von Danzig und Westpreußen in evangelischer Sicht, Bd. 1: Von den Anfängen der christlichen Mission bis zum Ende des 18. Jahrhunderts, Leer (Ostfriesland) 1977, S. 119; Freytag, Hermann, Die Reformation in Westpreußen, 1904.

Die Union von Lublin (1569)

Das Verhältnis zwischen Polen und Litauen wurde in der Union von Lublin 1569 neu festgelegt. Die Krone Polens wurde um die Woiwodschaften Podlachien, Wolhynien (Wolynien, das Gebiet um Luzk) und Kiew erweitert, womit das bisherige Territorium Polen etwa verdoppelt wurde. Vorgeschichte: Bereits vor der Union von Lublin von 1569, als die galizischen Ruthenen eine schwache Minderheit unter der polnischen Krone darstellten, hatte sich die dortige ruthenische Kirche auf die Moldauer Herrscher gestützt. Sigismund II. August (1548-1572) war der letzte König aus dem Hause der Jagiellonen, das seit 1387 den polnischen Thron innehatte. Weil er kinderlos geblieben war, griffen der König und die Schlachta, wie der polnische Adel genannt wurde, seit 1563 den alten Gedanken wieder auf, Polen und Litauen, bisher durch Personalunion verbunden, völlig miteinander zu verschmelzen. [26]

Karte der polnischen Provinz Königliches Preußen (Prussia Regia). Die Provinz hatte einen eigenen Ständetag, wo polnische und deutsche Ständevertreter unter dem Vorsitz des Bischofs von Ermland nebeneinander saßen. Repro: Blazek

Möglich geworden war der Unionsvertrag nur, als die litauische Delegation den Reichstag heimlich verlassen hatte in der Hoffnung, dadurch eine Beschlussfassung verhindern zu können. [27] Die Lubliner Akte besagt, dass das Königreich Polen und das Großfürstentum Litauen sich zu „einem einzigen, unteilbaren

---

[26] Dembkowski, Harry E., The Union of Lublin. Polish Federalism in the Golden Age, Boulder, Colo. 1982.
[27] Niendorf, Mathias, Das Großfürstentum Litauen – Studien zur Nationsbildung in der Frühen Neuzeit (1569-1795), 2., revidierte Aufl., Wiesbaden 2010, S. 44.

Leib" vereinigen, zu „einer einzigen, gemeinsamen Rzeczpospolita (*res publica*), die, hervorgegangen aus zwei Staaten und Völkern, nur noch ein Volk kennt". Die Union trat am 1. Juli 1569 in Kraft.

Das Rzeczpospolita genannte Vereinigte Königreich Polen-Litauen existierte von 1569 bis 1795.

Litauen blieb auch nach der Union von Lublin eine selbstständige politische Einheit mit eigenen Institutionen, anders als das so genannte „Königliche Preußen", das schon am 16. März 1569 auf dem gleichen Lubliner Reichstag Polen inkorporiert worden war.

Der Geschichtsschreiber Gottfried Lengnich (1689-1774), ein gebürtiger Danziger, verfasste eine neunbändige Geschichte der preußischen Lande, die von 1722 bis 1725 erschien – sein Hauptwerk. Der erste Band trägt den Titel „Geschichte Der Preußischen Lande, Königlich-Preußischen Antheils, Unter der Regierung SIGISMUNDI AUGUSTI". Seine Vorrede leitet er mit folgenden Worten ein:[28]

Es kommen in der Preußischen Historie drey Haubt-Begebenheiten vor/ von denen die merkwürdigsten Veränderungen in der Policey herrühren. Die Ankunfft der Teutschen Ordens Ritter / die Übergabe an den König von Polen / Und das Decret SIGISMUNDI AUGUSTI vom Jahr 1569. Nach der Teutschen Ritter Ankunfft/ ward das Land mit Frembden angefüllet/ durch deren Vermischung die natürlichen Einwohner aus einem rohen Volck sittliche Leute wurden. Man richtete eine Art von Regierung an die zwischen einer unumschrenckten Macht der Oberen / und einer ausschweiffenden Freyheit der Untersassen das Mittel hielte. Aus diesem Grunde zog man nach und nach mehr Schlüsse / die einer besorglichen Tyrannei den Zugang wehreten / und zugleich den schuldigen Gehorsam befestigten. Vermöge der Übergabe an den König von Polen änderte Preussen seinen bißherigen Ober=Herrn. An statt eines Hohmeisters fieng ein auswärtiger König an die Regierung zu führen. Die Gebietiger und Comther hörten auf/ an deren Stelle Woywoden und Starosten entstanden. Hergegen blieb die einmahl beliebte Verfassung ihrem Wesen nach / nur daß sie in einigen Neben, Stücken geändert / und verschiedenes zu mehrerer Deutlichkeit erläutert wurde. Man wich zwar zuweilen von dieser Vorschrifft / doch ohne daraus eine beständige Regel zu machen / biß das Decret SIGISMUNDI AUGUSTI erfolgete/ dem es eigentlich beyzumessen/ daß die Preussen von ihren eigenen Freyheiten abgebracht/ und mit einem anderen Volck vermischet worden. So wie aber die grossen Veränderungen nicht auf einmahl ausbrechen / sondern nach und nach sich äussern / also kostete die neue Vereinigung/ eine Bemühung von 20. Jahren / ehe man dem Werck seine vermeynte Vollkommenheit gegeben.

---

[28] Lengnich, Gottfried, Geschichte Der Preußischen Lande, Königlich-Preußischen Antheils, Unter der Regierung SIGISMUNDI AUGUSTI, Danzig 1723, o. S.

Danzig, Große Mühle – eine der größten Fabriken des Mittelalters. Stich des Danziger Kupferstechers Aegidius Dickmann (nachweisbar in Danzig um 1617 bis 1625), 1617. Vom Deutschen Orden erbaut Mitte des 14. Jahrhunderts, bis 1944 in Betrieb. Kurz vor Kriegsende brannte die Große Mühle nach einem Bombentreffer aus. Tobies, Tausend Jahre Danzig, S. 237. Repro: Blazek

Der Dreißigjährige Krieg von 1618 bis 1648 war ein Konflikt um die Hegemonie in Deutschland und Europa und zugleich ein Religionskrieg. Da Sigismund III. seine Ansprüche auf den Thron Schwedens nicht aufgab, kam es zu mannigfachen Kämpfen, die nach der 1611 erfolgten Thronbesteigung Gustav II. Adolfs (1594-1632) in die westpreußischen Gegenden getragen wurden. Im Mai 1626 begann Gustav Adolf den überraschenden Angriff auf Preußen. Die Schweden zogen durch Preußen, 1626 bis 1627 fielen Elbing, Braunsberg, Memel, Dirschau und Marienburg in die Hände der Schweden, die damit alle preußischen Seehäfen kontrollierten.[29]

Großpolen blieb vom Dreißigjährigen Krieg verschont, litt aber danach vom ersten Schwedischen Krieg (1654-60) bis zum Nordischen Krieg (1700-1721) und im Siebenjährigen Krieg. Verbunden mit dem allgemeinen Niedergang Polens, bei dem die Selbstherrlichkeit des Adels und der Druck, den die Nachbarländer auf die Königswahlen ausübten, zusammenwirkten, war auch das Posener Gebiet verarmt und destabilisiert.[30]

Im Siebenjährigen Krieg (1756-1763), auch Dritter Schlesischer Krieg genannt, kämpften mit Preußen und Großbritannien/Kurhannover einerseits sowie Österreich, Frankreich und Russland andererseits alle europäischen Großmächte ihrer Zeit. An den Auseinandersetzungen waren weitere (mittlere und kleine) Staaten beteiligt. Die Festung Kolberg wurde 1758 und 1760 von den preußischen Trup-

---

[29] Gottschalk, Ferdinand, Der Schwedisch-Polnische Krieg in Preußen von 1626-1629, Königsberg 1841.
[30] Börsch-Supan, Eva, Die Provinzen Ost- und Westpreußen und Großherzogtum Posen, Karl-Friedrich Schinkel Lebenswerk, Bd. 18, München 2003, S. 133.

pen unter Oberst Heinrich Sigismund von der Heyde (1703-1765) gegen die Russen erfolgreich verteidigt.

Der Siebenjährige Krieg sicherte Preußen im Besitz von Schlesien und erhob es zu einer der europäischen Großmächte.[31] Wolfgang Menzel schreibt hundert Jahre später: „Und wenn im siebenjährigen Kriege Friedrich der Große nicht gesiegt hätte, wären auch Ost- und Westpreußen russisch geworden. In Königsberg hatte sich damals die russische Kaiserin schon huldigen lassen."[32]

Knabe beim Bratenwenden, Radierung aus dem Jahr 1764 von Daniel Chodowiecki (1726-1801). Chodowiecki war ein bedeutender bildender Künstler, der am 16. Oktober 1726 im Haus Heiligengeistgasse 114 in Danzig (Gdańsk) als Sohn eines Kaufmanns geboren wurde. Durch seine Werke war er in ganz Europa als ein begabter und fruchtbarer Graphiker und Zeichner berühmt. Chodowiecki spezialisierte sich auf Miniatursittenmalerei und Porträts. Seine Arbeiten (über 2000) befinden sich heute in den Museen und gehören zu privaten Sammlungen. Repro: Blazek

Im Jahre 1772 wurde mit der Hauptstadt Bromberg der Netzedistrikt (die Landschaft zu beiden Seiten der Netze) gebildet und der westpreußischen Kammer in Marienwerder angegliedert. Bromberg war damals noch „ein Fischer- und Räubernest" mit weniger als 500 Bewohnern, alles Katholiken. Später (1807) kam dieses Gebiet zur Provinz Posen, die Stadt Bromberg wurde Sitz eines Regierungspräsidenten.[33]

---

[31] Vgl. Hoffmann, Heinz W., Danzigs Kampf um seine deutsche Freiheit im siebenjährigen Krieg, Danzig 1941; Neumeyer, Heinz, „Das Preußenland im Siebenjährigen Krieg", in: Landsmannschaft Westpreußen (Hrsg.), Westpreußen-Jahrbuch, Bd. 12, Münster 1962, S. 17-22. Archivalien: GStA PK Berlin Rep. 63: Neuere Kriegssachen: Allgemeine Kriegslage, Krieg in Schlesien, Böhmen, Sachsen u. der Lausitz 1758-1761 (3) – Krieg in Polen, Pommern, Ost- u. Westpreußen u. in der Mark Brandenburg 1758-1762 (42).
[32] Menzel, Wolfgang, Was hat Preußen für Deutschland geleistet?, Stuttgart 1870, S. 28.
[33] Globus – Illustrierte Zeitschrift für Länder- und Völkerkunde, hrsg. von Karl Andree, 10. Bd., Hildburghausen 1866, S. 184.

Begleiter von Kapitän James Cook

Auf der Suche nach dem Südland (*Terra Australis*) umsegelte Kapitän James Cook (1728-1779) in den Jahren 1772-1775 als Erster die Welt von West nach Ost, begleitet von Johann Reinhold Forster (1729-1798) und seinem Sohn Georg (1754-1794). Bereits im Jahre 1772 bot sich Johann Reinhold Forster die Gelegenheit, an der zweiten Weltumseglung James Cooks als Naturforscher teilzunehmen. Forsters waren beide gebürtige Westpreußen: Johann Reinhold, von Beruf Pastor, wurde in Dirschau (*Tczew*) geboren, sein Sohn Georg in Nassenhuben (*Mokry Dwór*) bei Danzig (*Gdańsk*).

Momentaufnahme:

Über die Person Johann Reinhold Forster und die Würdigung seiner Taten verlautet 1861 in den „Preußischen Provinzial-Blättern":[34]

Der Vater Johann Reinhold's hieß G e o r g R e i n h o l d und war den 19. März 1693 in Dirschau geboren. Im Jahre 1733 wird er Bürgermeister. Der Vater Georg Reinhold's war Georg Forster, der 62 Jahre alt, 1726 als Bürgermeister in Dirschau stirbt. Der Vater dieses Georg, der Urgroßvater Johann Reinhold's, war Adam Forster, der schon 1667 als Bürger und Kaufmann in Dirschau lebte.*) Nach dem Dirschauer Kirchenbuch war dieser früher Bürger und Handelsmann in Neuenburg und hatte sich 1661 mit einer Catharina Galeski aus Dirschau verheirathet.**)

Johann Reinhold Forster, der Gefährte von Cook bei der Reise um die Welt, wurde im Jahre 1729 zu Dirschau geboren. Und nun stelle ich anheim, ob Sie es nicht veranlassen wollen, daß der Herr Bürger-Meister des Orts, der Herr Vorsteher der Stadtverordneten, und der protestantische Herr Prediger sich mit einander vereinigen, das Hauss, in welchem Forster geboren ist, ausmitteln, und an dem Hause eine eiserne Tafel mit der Inschrift in goldenen Buchstaben an. bringen lassen wollen:

Hier wurde 1729 J. H. Forster geboren.

Der Stadt Dirschau gebührt diese Auszeichnung, diese Zierde, dieser Schmuck.

Herr Steimig in Danzig würde die Tafel gut machen, und die Kosten können nur unbedeutend seyn. Ich bitte um Antwort hierauf. Zum Schluß noch wiederholt meinen Gruß.

> *Schön.*

> *Des*
> *Herrn Post Meister W i e b e*
> *Wohlgebornen*
> *in D i r s c h a u (Westpreußen.)"*

In einem Briefe aus Pr. Arnau vom 24. Januar 1848 an Herrn Sanitätsrath Dr. Preuß in Dirschau heißt es am Schlusse:

„Wie steht es mit der Tafel Reinhold Forster's? Ihr Dirschauer seid doch ächte Prosaiker! Die ganze Erde, welche Forster umschiffte, kann Euch nicht ins Zeug bringen.

Dabey grüße ich Sie so ergebenst als angelegentlich

> *Schön."*

---

[34] Strehlke, Friedrich, „Georg Forsters Geburtsort", in: Neue Preußische Provinzial-Blätter. 3. Folge 8 (1861), S. 189-212, hier: S. 205.

Nach einer Mittheilung aus Dirschau vom Juli 1862 soll nunmehr auf das Schleunigste die Gedenktafel für Reinhold Forster an seinem Geburtshause daselbst angebracht werden.

*) Preuß: Dirschau's historische Denkwürdigkeiten: Adam Forster ist wohl schon 1666 in Dirschau ansässig gewesen, denn Catharina, Adam Forster's Haußfrow, hatte nach dem Dirschauer Kirchenbuch bereits am 30. Januar 1667 bei Christina Kluge ein Pathenamt übernommen.

**) Die Nachfragen in Neuenburg wurden durch die folgende von mir in dem Dirschauer Kirchenbuche gefundene Stelle veranlaßt: „1661 27. Juni. Der Ehrenveste Herr Adam Fester (Forster), Bürger und Handelsmann in Neuenburgk, mit der viel Ehr= und Tugendreichen Jungfr. Catharina des Ehrenvesten und wohlgeachten Herrn Reinhold Galeski, allhier in Dirschau wohnenden Handelßmanns eheliche Jungfrau Tochter. Sind allhier publice more recepto proclamiret aber zu Newenburgk copuliret worden. ...“

Polen musste in der zweiten Hälfte des 18. Jahrhunderts drei Teilungen erdulden. In den Jahren 1772, 1793 und 1795 teilten die Nachbarmächte Russland, Preußen und Österreich den Unionsstaat schrittweise unter sich auf, sodass auf der Karte Europas ab 1795 für über 120 Jahre kein eigenständiger polnischer Nationalstaat mehr existierte.

Um Österreich vor die Wahl zu stellen, sich entweder einem russisch-preußischen Teilungsplan anzuschließen oder sich der Gegnerschaft der beiden Großmächte gegenüberzusehen, schlossen Preußen und Russland am 19. Februar 1772 einen separaten Teilungsvertrag ab. Polen (Polen-Litauen) gab in der Folge ostseenahe Gebiete (das westliche Westpreußen ohne die Städte Danzig und Thorn) an Preußen, südliche Teile (Teile Kleinpolens) an Österreich und nordöstliche Teile an Russland, das die Gebiete östlich der Dwina und des Dnjepr besetzte, ab. Polen verlor 30 Prozent seines Territoriums und war fortan nicht mehr das zweitgrößte Land des Kontinents.

Nach der Vereinigung Westpreußens mit dem preußischen Staat 1772 bildete man aus den polnischen Staatsgütern Domänen.[35]

Am 20. Juli 1773 brannten große Teile der im Vorjahr von Preußen in Besitz genommenen Stadt Gorzno (*Górzno*) (Kreis Strasburg, im Südwesten des historischen Territoriums Michelauer Land) nieder. Aufgrund der starken Zerstörung verlor der Ort sein Stadtrecht. Über Feuersbrünste in Westpreußen gegen Ende des 18. Jahrhunderts schreibt Ernst Graf Lippe-Weißenfeld:[36]

Feuersbrünste in den Städten gehörten zu den landesüblichen Calamitäten, weil die elenden Holzbaracken im Nu sich in ein Feuermeer verwandelten. Im Sommer 1773 brannte das „geringe" Städtchen Gursno nieder. Da war es der Potsdamer Landesvater, welcher Seine milde Hand aufthat, den Obdachlosen wohnliche Häuser mit Ziegel-Dächern bauend. Dem durch Feuersbrunst heimgesuchten Städtchen Deutsch-Crone ertheilte der König bis zum Jahr 1783 in Summa 10,300 Thlr. — Als im Frühjahr 1777 großes Feuer in Elbing gewesen, verlangt Friedrich zu wissen, „was der Schaden betrage, sowohl am Rathhause,

---

[35] Zeitschrift des Historischen Vereins für den Reg.-Bezirk Marienwerder, Marienwerder 1888, S. 165.

[36] Lippe-Weißenfeld, Ernst Graf, Westpreußen unter Friedrich dem Großen, Thorn 1866, S. 97.

als an der Waage und auch von den Bürgerhäusern, und was alles Das werth sei, auch wie viel darauf aus der Feuerkasse vergütet wird. — — Hierbei wollen Se. Majestät gern sehen, wenn die mit Pech und Theer bestrichenen hölzernen Dächer abgeschafft und auch die Schindeldächer mit Ziegeln gedeckt werden. Die Kammer muß sich daher alle Mühe geben, den Elbingern die Gefahr begreiflich zu machen, und suchen, sie dahin zu persuadiren, daß sie nach und nach die hölzernen und Schindel-Dächer abschaffen. "

Zum Wiederaufbau der abgebrannten ermländischen Stadt Seeburg gewährte der König, gelegentlich Seiner Anwesenheit in Westpreußen 1784: 10,000 Thlr.

Die Landräte in Westpreußen sollten der deutschen Sprache mächtig sein. Indirekt wurde hier also eingestanden, dass in den vorangegangenen Jahrzehnten entweder Landfremde oder Einheimische ohne Gutsbesitz in den einzelnen Kreisen bestallt worden waren. Vor allem in Westpreußen wurden vor 1786 nachweislich einige Offiziere bzw. Offizianten aus den Kernlanden angestellt. So amtierte der gebürtige Pommer Caspar Ludwig von Below seit Ende 1772 als Landrat im Kreis Dirschau, wo er sich offenbar auch erst Jahre nach seiner Bestallung mit einem Gut ansässig machte.[37]

Danzigs größter Sohn, der Philosoph, Autor und Hochschullehrer Arthur Schopenhauer, wurde am 22. Februar 1788 als Sohn des Großkaufmanns Heinrich Floris Schopenhauer (1747-1805) und dessen um 20 Jahre jüngeren Frau Johanna Henriette (1766-1838) geboren.[38]

Die preußische Regierung musste sowohl im Westen als auch im Osten ihres Landes die politischen Vorgänge beobachten. Im Osten wollte Zarin Katharina II. (1729-1796) ihr Reich nach Westen ausdehnen. Polen hatte am 3. Mai 1791 eine freiheitliche Verfassung („Maiverfassung"), die erste kodifizierte Verfassung Europas, verabschiedet. Sie wurde von Preußen und Österreich garantiert, jedoch von Zarin Katharina nicht anerkannt. Der preußische König wollte wegen der früheren Garantie nicht in einen Zweifrontenkrieg verwickelt werden und hatte deshalb am 23. Januar 1793 der zweiten Teilung Polens (23. Januar 1793) zugestimmt: Polen verlor die Rest-Ukraine, Polesien und Wolhynien an Russland. Preußen erhielt nun auch Danzig und Thorn sowie die Gebiete Posen und Kalisch („Südpreußen"). Österreich ging bei dieser zweiten Teilung Polens leer aus.

Nach der Niederschlagung des von General Tadeusz Kościuszko (1746-1817) ausgerufenen Aufstands (1794) unterzeichneten 1795 Russland, Österreich und Preußen (Vertragsbeitritt am 24. Oktober) das dritte Abkommen. Österreich erhielt Westgalizien und Krakau. Kurland und andere Gebiete, die einstmals dem Deutschen Orden gehörten, gingen an Russland. Warschau sowie ein Landstreifen südlich Ostpreußens gingen an Preußen. Der polnische Staat hörte auf zu bestehen, sollte aber (wie es die Nationalhymne prophezeite) nicht untergehen.

---

[37] Straubel, Rolf, Adlige und bürgerliche Beamte in der friderizianischen Justiz- und Finanzverwaltung, Berlin 2010, S. 186.
[38] Ausführlich: Löhneysen, Wolfgang von, Arthur Schopenhauer, Sämtliche Werke, 2. Aufl., 5 Bde., Darmstadt 1989.

Die Stadt Flatow (*Złotów*) wurde im Jahre 1803 Opfer einer Feuersbrunst. Die „Augsburgische Ordinari Postzeitung von Staats, gelehrten, historisch. u. ökonomischen Neuigkeiten" vermeldete in ihrer Ausgabe vom 31. August 1803:

Danzig, den 10. Aug.

In der Stadt Flotow (sic!), *(in Westpreußen) welche seit dem Jahr 1796. achtmal durch Feuer gelitten, und dadurch 148. Wohnhäuser, ohne Nebengebäude verloren hatte, sind vorgestern durch eine abermalige schröckliche Feuersbrunst 246. Gebäude binnen 3. Stunden in die Asche gelegt worden. Die meisten Einwohner waren gerade auf dem Felde mit der Aerndte beschäftigt. — Ueber 300. Familien sind durch diesen Brand um ihr Vermögen gekommen. Die elende Bauart ist Schuld an dem vielen Unglück, das in Preußen durch Feuer angerichtet wird.*

Aus Preußen, den 14. Aug.

Am 11. dieß ist zu Oliva, in Westpreußen, unweit Danzig der Reichsgraf von Hohenzollern, Fürstbischof von Ermeland, Abt zu Oliva, Ritter des königl. preußis. großen schwarzen, und des rochen Adlerordens, wie auch des Malteserordens etc. 71. Jahre alt, verstorben. Da das königl. Haus Preußen bekanntlich aus dem hohenzollernschen Hause herstammt, so hatte er die Ehre, ein Anverwandter der preußischen Monarchen zu seyn.

Widerstand der Festungen Graudenz, Kolberg und Pillau

In der Schlacht bei Preußisch-Eylau am 7./8. Februar 1807 verloren etwa 50 000 Soldaten ihr Leben, der Ausgang war unentschieden, wohingegen die Franzosen in Friedland am 14. Juni abermals siegten. Die meisten preußischen Festungen kapitulierten und wurden schmachvoll übergeben. Die stärksten und wichtigsten Festungen (u. a. Magdeburg, Küstrin, Spandau) öffneten den Franzosen ohne Widerstand die Tore. Kolberg allerdings, Graudenz und auch Pillau verteidigten sich tapfer bis zum Frieden (Kolberg durch Joachim Christian Nettelbeck: „der alte Nettelbeck"). Danzig wurde von dem General v. Kalkreuth so hervorragend verteidigt, dass er den Übergabevertrag auf ehrenvolle Bedingungen abschließen konnte. Sein Gegenspieler, der französische Marschall François Joseph Lefebvre,[39] erhielt für seine kriegerischen Leistungen von Napoleon I. am 26. Mai 1807 den Titel „Duc de Dantzic" (Herzog von Danzig). Diese Ernennung markiert die Wiedergeburt des Adels in Frankreich, der 1790 während der Revolution abgeschafft worden war.

Der preußische König Friedrich Wilhelm III. sah sich genötigt, am 9. Juli 1807 den Frieden zu Tilsit zu unterzeichnen, in welchem er die Hälfte seiner Länder

---

[39] François Joseph Lefebvre (1755-1820), französischer Marschall, Oberbefehlshaber der französischen und deutschen Truppen des Rheinbundes beim Marsch auf Danzig (Frühjahr 1807), „Herzog von Danzig" (26.05.1807).

abtreten musste; außerdem musste er an den Feind 140 Millionen Franken Kriegskosten zahlen.[40]

Der preußische Staat, der Staat Friedrichs des Großen, war wie ein Kartenhaus zusammengebrochen.

Der Tilsiter Friede 1807 zwang Preußen zur Abtretung des größten Teiles des Netzedistrikts, von Posen und Südpreußen an das Herzogtum Warschau.

Die Stadt Danzig mit dem umliegenden Gebiet (Umkreis von zwei Lieues) wurde zu einem unabhängigen Freistaat unter preußisch-sächsischem Schutz erklärt, um in Wahrheit unter einem französischen Gouverneur sieben Jahre lang ein Stützpunkt Frankreichs an der Ostsee und ein Sammelplatz napoleonischer Truppen im Herzen des preußischen Staates zu sein (selbst mit dem Code Napoléon). Das änderte sich im Jahre 1813, als Danzig von einem preußisch-russischen Corps unter Herzog Alexander von Württemberg (1771-1833) belagert und am 2. Januar 1814 eingenommen wurde.

Wir Friedrich Wilhelm, von Gottes Gnaden König von Preußen zc. zc.

haben auf den Bericht Unsers Staatskanzlers und Unsers Justizministers beschlossen, und verordnen hiermit, daß die, in einem Theil Unserer Provinz Westpreußen bisher zur Anwendung gebrachte Vorschrift des Preußischen Landrechts von 1721. Part. II. Lib. IV. Tit. 6. Art. 7. §. 1 und 4., wonach Verträge über das Eigenthum unbeweglicher Güter und der denselben gleich zu achtenden Rechte, so lange die Insinuation und Einschreibung bei dem Gerichtsstande der Sache nicht erfolget, oder die Erfüllung von beiden Theilen nicht geschehen ist, für unkräftig und nichtig erklärt sind, vom Tage der Publikation dieser Verordnung an, als abweichend von der in Unsern Staaten allgemein bestehenden Gesetzgebung, gänzlich aufgehoben und abgeschafft seyn, und künftig alle Verträge über das Eigenthum liegender Güter und der denselben gleich zu achtenden Rechte in Westpreußen nach den Bestimmungen des Allgemeinen Landrechts Th. I. Tit. 10. §. 15, 16, 17. und der Allgemeinen Gerichtsordnung Th. 2. Tit. I. §. 3. beurtheilt werden sollen.

Jahrgang 1812.   K   Urkundlich

(ausgegeben zu Berlin den 27sten April 1812.)

Verordnung, betreffend die Verträge über das Eigentum liegender Güter und der denselben gleich zuachtenden Rechte in Westpreußen, vom 20. April 1812, ausgegeben zu Berlin am 27. April 1812, aufgehoben durch Gesetz vom 19. April 1844. Gesetz-Sammlung für die Königlichen Preußischen Staaten, Nr. 93, S. 39. Repro: Blazek

Bei der Belagerung Danzigs durch die Russen 1813 waren etwa 5600 Einwohner durch den Krieg, Hunger und Kälte umgekommen. Die andere Seite sprach von Sieg. Sieger waren die Russen und der preußische Major Ludwig Graf zu Dohna-Schlobitten (1776-1814), der Danzig mit seinen neun preußischen Bataillonen belagerte. Am 29. November 1813 musste die französische Besatzung

---

[40] Blazek, Matthias, Das Kurfürstentum Hannover und die Jahre der Fremdherrschaft 1803-1813, Stuttgart 2007, S. 27 f.

Danzigs kapitulieren. Das Schicksal wollte es, dass Graf zu Dohna am 10. Januar 1814 in der Stadt Danzig an Typhus starb, in der Stadt, die er befreit hatte.[41]

In Wien tagte vom 18. September 1814 bis zum 9. Juni 1815 unter Leitung des österreichischen Staatskanzlers Klemens Wenzel Lothar Fürst von Metternich (1773-1859) sowie unter starkem Einfluss des russischen Zaren Alexander I. und Englands ein Kongress von Herrschern und Politikern aller europäischer Staaten (außer der Türkei) zur Neuordnung Europas nach den Kriegen gegen Napoleon I. Nach Artikel 1 der Wiener Schlussakte vom 9. Juni 1815 gelangte der größte Teil Polens mit der Hauptstadt Warschau als Königreich an Russland. Preußen erhielt Westpreußen mit Danzig und Thorn sowie das Gebiet um Posen (Art. 23 und 2) und damit eine Verbindung zwischen den preußischen Provinzen und Schlesien.[42]

Dies war nach 1772, 1793 und 1795 die vierte Aufteilung Polens unter Russland, Österreich und Preußen.

Für Ost- und Westpreußen wurden 1815 zunächst je eine Provinz mit den Oberpräsidentensitzen in Königsberg und Danzig eingerichtet. Der 42 Jahre alte Theodor von Schön (Lithographie vor 1856, links) wurde am 3. Juli zum Organisationskommissar des Regierungsbezirks Danzig ernannt. Es dauerte noch ein volles Jahr, bis zum 1. Juli 1816, ehe die Regierung Danzig soweit konstituiert war, dass sie ihre Tätigkeit beginnen konnte.[43] Zu diesem Zeitpunkt übernahm Theodor von Schön das Amt des Oberpräsidenten der Provinz Westpreußen. Das Amt des Oberpräsidenten der Provinz Ostpreußen wurde 1824 frei, als Hans Jacob von Auerswald seinen Abschied nahm, wurde aber nicht neu besetzt, sondern von Theodor von Schön in Personalunion geführt, bis die beiden Oberpräsidien 1829 zusammengelegt wurden und von Schön seinen Amtssitz in Königsberg nahm.[44] [45]

---

[41] Ausführlich: Düring, Georg Wilhelm von, Tagebuch über die Belagerung der Stadt Danzig im Jahre 1813, Berlin 1817; Schels, J. B. (Bearb.), Die Belagerung von Danzig 1813, mit einem Plan, Oestreichische militärische Zeitschrift 1825, dritter Bd., siebentes bis neuntes Heft; Mittheilungen über die Belagerung von Danzig im Jahr 1813, nach russischen Dokumenten, Archiv für die Artillerie etc. Korps, 20. Bd., und Archiv für alle Waffen, 1848, Bd. 3.

[42] Acte final du congrès de Vienne du 9 Juin 1815. Articles 1 à 14 [Pologne] Articles 15 à 52 [Allemagne] Articles 53 à 64 [Confédération germanique] Articles 65, S. 19, 22, 32 und 20/21.

[43] Schmid, Bernhard, Oberpräsident von Schön und die Marienburg, Schriften der Königsberger Gelehrten Gesellschaft, Halle 1940, S. 8.

[44] Vgl. Büsch, Otto (Hrsg.), Handbuch der preußischen Geschichte, Bd. II: Das 19. Jahrhundert und große Themen der Geschichte Preußens, Berlin 1992, S. 86. Dort falsch 1824 als Todesjahr von Hans Jakob von Auerswald.

[45] Quellen zur Geschichte der Juden in den Archiven der neuen Bundesländer, hrsg. von Stefi Jersch-Wenzel und Reinhard Rürup, Bd. 5, GStA PK, Teil II, München 2000, S. 427.

Elbing: Leegebrücke und Hochbrücke um 1830 nach einer Zeichnung von Johann Heinrich Hoorn. Repro: Blazek

Polnisch war seit 1839/49 in Posen und Westpreußen als Gerichtssprache und seit 1842 auch als Unterrichtssprache zugelassen.[46]

Die Mundart, welche im westlichen Teil Westpreußens gesprochen wurde, war die kaschubische, wie aus einem Beitrag im „Nürnberger Zeitung" vom 16. April 1845 hervorgeht (Auszug):[47]

In Westpreußen, das bekanntlich zum Theil polnisch redende Bewohner hat, thut er aber mehr als seine Schuldigkeit. Die Kreisstände des danziger Kreises haben sich nämlich beim Landtag darüber beschwert, daß im vorigen Jahre eine bis dahin gültige Anforderung abgeschafft sey, laut welcher der Unterricht in gemischten Schulgemeinden vorzugsweise in der deutschen Sprache ertheilt werden sollte, während die polnische als Hülfssprache betrachtet wurde. Neuerdings hat nun die Staatsregierung einen vorzugsweise ausgedehnten Unterricht in der polnischen Sprache eintreten lassen, wodurch nach Behauptung der danziger Kreisstände ein Rückschritt sich ergeben hat. Die polnische Mundart, welche im westlichen Theile der Provinz Westpreußen gesprochen wird, ist die kassubische, eine Mischsprache, die der nicht versteht, welcher nur rein Polnisch spricht. Sie ist von letzterm noch viel verschiedener, als z. B. das Plattdeutsche (das Sassisch-Niederdeutsche) von der hochdeutschen Mundart. Die Kassuben stehen mit Polen in keinerlei eigentlicher engerer Verbindung; sie haben keine Literatur, keine Aussicht auf selbstständige Entwickelung, und der bevorzugte Unterricht in der polnischen Sprache wird sie doch nicht zu eigentlichen Polen

---

[46] Huber, Ernst Rudolf, Deutsche Verfassungsgeschichte seit 1789, Bd. 4, Stuttgart 1969, S. 484.
[47] Nürnberger Zeitung, 12. Jahrg., Nr. 106, Mittwoch, 16. April 1845, ohne Seitenangabe.

machen, während er sie dem Deutschen völlig entfremdet. *Auch kirchliche Be-denken sind von den Kreisständen gegen die Bevorzugung des Polnischen erho-ben worden Jedenfalls müßte eine gleiche Berechtigung beider Sprachen statt-finden. Der Landtag war mit den Bittstellern einverstanden. Er sprach seine Ueberzeugung aus, daß durch die neue ministerielle Anordnung die überall sichtbar gewordenen Früchte einer wohl überlegten vieljährigen Anstrengung Seitens der Provinzialbehörden in ihrem Wachsthume wesentlich unterdrückt worden sind. Für den kassubischen Volksstamm sey nur durch Bildung in deut-scher Sprache und Sitte etwas zu hoffen. Das vom Ministerium angeordnete Ver-fahren müsse in seiner konsequenten Durchführung zur Folge haben, daß in die-sem Landstriche eine fremde Nationalität und mit ihr die Sympathie für fremde Zustände künstlich erzeugt werde. Auch zeige sich schon jetzt, daß die in Kassu-ben befindlichen Deutschen vernachlässigt würden. Die Stände führen dann ihre Behauptungen weiter aus. Man ersieht aus jener Beschwerde, wie ganz ver-schieden das Verfahren unserer Regierung in Bezug auf die polnischen Verhälthältnisse* (sic!) *von jenem Rußlands sich herausstellt.*

Für Oberschlesien war hingegen „Wasserpolnisch" mit seinen morphologischen Besonderheiten und der starken Anlehnung an die deutsche Umgebung in Wort-schatz und Grammatik charakteristisch. Der Name „Wasserpolnisch" hat aller-dings nichts Geringschätziges an sich; er ist schon sehr alt und wurde bereits 1705 gebraucht: Christian Meisner kannte in seinem Reiseführer „De Silesia loquente Sarmatice" (1705) jenen „dialectus aquatico-polonica". Der Terminus „Wasserpolnisch" „war wohl aufgekommen als Bezeichnung für die Sprache der Oderschiffer, die aus den polnischsprachigen Teilen Schlesiens kamen", und hatte damals „noch nicht den verächtlichen Beigeschmack".[48]

Am 5. Dezember 1875 war von einem Pfarrer Kiewert eine Volksversammlung polizeilich angemeldet worden, die in dem Dorf Skurcz, Kreis Preußisch Star-gard, tagen sollte. Daraufhin hatte sich der zuständige Amtsvorsteher bereits vorgängig zu einer prinzipiellen Erklärung bewogen gefühlt, in der er, „um Missverständnissen zu begegnen", bemerkte, er sei, da in der Provinz Posen die Geschäftssprache ausschließlich die deutsche sei, zu verlangen befugt und ver-pflichtet, dass in der beabsichtigten Versammlung die Verhandlungen und die damit verbundenen etwaigen Erörterungen und Beratungen nur in der deutschen Sprache geführt würden. Als dann tatsächlich in der Versammlung polnisch ver-handelt wurde, verfiel sie der Auflösung.[49]

---

[48] Vgl. Nieborowski, Paul, Oberschlesien und Polen, 4. Aufl., Breslau 1922, S. 92. Wilhelm Mak aus Beuthen soll laut Michael Fahlbusch (Wissenschaft im Dienst der nationalsozialisti-schen Politik?, Baden-Baden 1999, S. 243) hervorgehoben haben, dass der Begriff „wasser-polnisch" schon seit 1705 vorkomme und dass Wasserpolnisch keinesfalls eine schlesische Mundart sei, da sie auch in Ost- und Westpreußen vorkäme.

[49] Archiv des öffentlichen Rechts, Nr. 20, Tübingen 1906, S. 2 f. Denselben Pfarrer Kiewert forderte man laut den Breslauer Studien zur historischen Theologie von 1931 seitens der „Ga-zeta Gdańska" direkt zum offenen Widerstand gegen das Pelpliner Generalvikariat auf, weil dieses die Einführung deutscher Predigten dort angeordnet hatte.

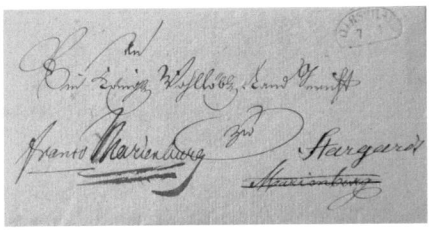

Schreiben an das Königliche Wohllöbliche Land-Gericht zu Stargard, 1828. Repro: Blazek

Im Jahr 1836 kam es auf der Landzunge Hela zu einem der letzten Vorfälle wegen Hexenwahns: Eine vermeintliche Hexe wurde von den Fischern des abgelegenen Dorfes Zeinova der Wasserprobe unterworfen und, da sie nicht untersinken wollte, gewaltsam ertränkt. Eine 51-jährige Fischerwitwe, wohl mit Namen Christina Ceynowo (Ceynowina), war beschuldigt worden, den mit ihr in einem Haus lebenden und an der Wassersucht leidenden Fischer Johann Konkel behext zu haben. Die Dorfbewohner hatten schon seit längerem ein Auge auf die sechs Kinder (davon fünf unmündig) der Witwe geworfen, denen man eine gewisse Zaubersucht nachsagte. Als sie sich unter Anwendung von Gewalt außerstande zeigte, Johann Konkel sofort wieder „gesundzumachen" („den Teufel austreiben"), entführte sie am 4. August 1836 eine Gruppe von Männern, aufgehetzt durch den berüchtigten Wunderdoktor Stanislaus Kaminski (dem die Heilung Konkels nicht gelingen wollte), gefesselt auf die See, um sie mittels Gottesurteil (Wasserprobe) womöglich als Hexe zu überführen. Die Frau ertrank. Die Obduktion ergab schwerste körperliche Misshandlungen. Elf Personen, darunter acht Familienväter, wurden als Haupttäter nach Marienwerder abgeführt. Nicht ohne Abscheu berichtete am 9. August 1836 der junge westpreußische Landrat Ludwig von Platen (1804-1869; Kreis Neustadt) an die vorgesetzte Behörde in Königsberg über die in seinem Landkreis kürzlich erfolgte grausame Hinrichtung einer als Hexe verdächtigten Fischerwitwe durch eine Gruppe männlicher Dorfbewohner. Der Minister des Innern und der Polizei, Gustav Adolf Rochus von Rochow (1792-1847), wird als wutentbrannt beschrieben, als er diese Meldung las und die markanten Stellen im Text markierte.[50]

Der damalige Besitzer des Ortes, Herr von Below auf Rutzau, zahlte sämtliche Gerichtskosten, die sich auf 600 Taler beliefen.

Die Einwohner des abgelegenen Dorfes, alle katholisch, hatten damals noch keine Schulanstalt.

---

[50] GStA PK, Zivilkabinett 2. 2. 1., Nr. 15 142: Betr. den in dem Dorfe Ceinova auf der Halbinsel Hela verübten Unfug (1836). Die Akte enthält leider wenig mehr als den Bericht des Landrats von Platen. Vgl. The Monthly traveller, or, Spirit of the Periodical Press, Boston, Januar 1837. Sonntags-Unterhaltungs-Blatt – Eine Zugabe zum Kourier an der Donau, Nr. 33, 28. August 1836, und andere süddeutsche Zeitungen.

Über Jahrhunderte war die Landwirtschaft und in den größeren Städten der Handel bestimmend für den Wohlstand des Landes. Im 19. Jahrhundert kam die Industrie hinzu. Wir finden sie besonders in Thorn, Bromberg, Graudenz, Elbing und Danzig. An vielen Stellen entstanden damals Zuckerfabriken. In Kulmsee Kreis Thorn entwickelte sich die Zuckerfabrik vor dem Ersten Weltkrieg zur größten in Europa. Schon vor Anbindung des Preußenlandes an das westliche Eisenbahnnetz entstand auch eine bedeutende Eisen verarbeitende Industrie. Als größter Bereich muss die 1837 gegründete Maschinenbauanstalt von Ferdinand Schichau in Elbing genannt werden, aus der in Elbing und später in Danzig weltbekannte Werften entstanden. In Elbing errichtete Schichau auch eine Lokomotivfabrik. Die alte Hansestadt wurde im 19. Jahrhundert zu einer Industriestadt, in der schließlich auch Personen- und Lastkraftwagen gebaut wurden und in der die Berliner Firma Loeser & Wolff mit ihrem Fabrikationsbetrieb die größte Zigarrenfabrik Europas besaß.[51]

Mewe (*Gniew*) im Kreis Marienwerder, 65 Kilometer südöstlich von Danzig, mit der Deutschordensburg. Die 1283 im Bau begonnene Burg blieb bis 1309 der westlichste Außenposten des Ordenslandes. In Mewe wurde 1881 eine der acht, zwischen 1881 und 1883 in den Niederungen des Bezirks Marienwerder errichteten Zuckerfabriken gegründet. Sie ging 1887 in Konkurs und wurde 1906 endgültig stillgelegt. Repro: Blazek

Die am 7. Juli 1841 bei Frauenburg (*Frombork*)/Ermland erfolgte Hinrichtung des Schneidergesellen Rudolph Kühnapfel (wegen der am 3. Januar 1841 zu Frauenburg mit einem Beil begangenen Ermordung des Bischofs von Ermland, Andreas Stanislaus von Hatten) war eine der letzten Räderungen in Preußen. Darüber verlautete 1842 in der „Zeitung für den Deutschen Adel":[52]

[51] Zit. n. Schuch, Hans-Jürgen (Hrsg.), Westpreußen in alten Ansichtskarten, Frankfurt am Main 1980, S. 7.
[52] Zeitung für den Deutschen Adel, Dritter Jahrgang, Erstes Semester, Nordhausen und Leipzig 1842, S. 25 f. Über das Ereignis vgl. Blazek, Matthias, „Im Königreich Preußen fand eine Hinrichtung durch Rädern letztmals am 13. August 1841" statt, in: Fachprosaforschung – Grenzüberschreitungen, Würzburg 2012.

Danzig, im Dezember 1841.

Man liest in Journalen jetzt häufig Angriffe gegen Preußen wegen der hier noch existirenden Todesstrafe des Räderns von unten, welche jüngst an dem Bischofsmörder Kühnapfel vollstreckt worden ist, und ein Journalist erfrecht sich sogar, Preußen in dieser Sache mit China zu vergleichen, weil dort unlängst eine hohe Militairperson wegen eines Vergehens durchsägt worden! — Wenn gleich die oben gedachte Todesstrafe bei uns noch besteht, so ist dieselbe doch nicht grausamer, als die Hinrichtung durch den Strang oder das Beil, weil über den Kopf des Verbrechers ein Sack gezogen und der Delinquent dabei erdrosselt wird, bevor noch das Rad in Anwendung kommt. Es existirt also in Preußen die Strafe des Räderns von unten nur dem Namen nach, und man hat dieselbe bloß als etwas beibehalten, was noch abschreckender für das Publikum sein soll, als die Hinrichtung durch das Beil. Ich bezweifle indeß, daß der beabsichtigte Zweck der Regierung erreicht wird, und es erscheint daher wünschenswerth, daß, wenn die Todesstrafe nicht ganz abgeschafft werden kann, nur die Hinrichtung durch das Beil beibehalten werden möchte.

Momentaufnahme:

Der „Bote des Evangelischen Vereins der Gustav-Adolf-Stiftung" berichtet 1849 ausführlich über den Ort Skurcz (*Skórcz*):[53]

Schon 1833 wurde die Errichtung eines eigenen evangelischen Pfarrsystems für Skurtz und die umliegende Gegend von dem verstorbenen Superintendenten Kriese in preuß. Stargard, zu welcher die Parochie Skurtz gehörte, angeregt. Derselbe hielt zu Skurtz im Schulhause regelmäßige Andachten, fand durch die Danziger Bibelgesellschaft reichliche Unterstützung mit Bibeln für die armen Mitglieder, und so bildete sich durch die Hebung des religiösen Sinnes das Verlangen nach einer besondern Gemeinschaft, die durch den Danziger Verein in's Leben gerufen ist mit der Bestellung des Predigers Kriese am 28. Februar 1847. Drei Ortschaften: Skurtz, Wilbrandowa und Wollenthal, hart an der Tuchelschen Haide, mit etwa 300 evangelischen Seelen, bilden die Gemeinde. Nur wenige Grundbesitzer von 2, 3 bis 4 Hufen gehören zu derselben; die übrigen bestehen aus armen Gewerbtreibenden und Tagelöhnern, die oft noch eine Unterstützung bei dem Geistlichen suchen; auch wohnen sie 2 — 3 Meilen zerstreut; wie überhaupt die evangelischen. Brüder aus vielen entlegenen Dörfern und Waldortschaften der berüchtigten Tuchelschen Haide zum Gottesdienst nach Skurtz wandern. Der Gemeinde fehlen noch alle Altargeräthe und vor Allem ausreichende Mittel, um den Pfarrer zu erhalten. Mehrere Vereine gaben hierzu kleine Unterstützungen. Der Hauptverein Königsberg gab im J. 1847 100 Thlr., um dem „Apostel der Tuchelschen Haide" so Gelegenheit zu geben, die armen zerstreuten Glaubensgenossen, die in Gefahr sind, dem Katholicismus, der hier die Proselytenmacherei betreibt, in die Hände zu fallen, der evangelischen Kirche zu erhalten. Im vorigen Jahre jedoch konnte dieser Verein trotz der drin-

---

[53] Der Bote des Evangelischen Vereins der Gustav-Adolf-Stiftung, ausgesendet durch Karl Großmann und Karl Zimmermann, Siebenter Jahrgang, Darmstadt 1849, S. 140.

genden Bitten des Pfarrers Kriese, der sich in einer traurigen Lage befindet, Nichts verwilligen. Auch die Lage des Schullehrers ist eine sehr dürftige. Möchten die Glaubensbrüder in den gesegneten Theilen des deutschen Vaterlandes, wie überhaupt der Protestanten Westpreußens, so namentlich dieses wichtigen Postens gedenken!

1848 war das Jahr des großpolnischen Aufstandes. Da in Posen die polnische Bevölkerung und auch die polnische Sprache überwog, wählten die Bewohner Westpreußens aus verschiedenen Ständen ein „Provisorisches Komitee für Westpreußen" und entsandten den Rittergutsbesitzer Ignacy Łyskowski (1820-1886) mit einer Adresse auf den Deutschen Kongress nach Frankfurt am Main. Dort überreichte er im Auftrag der polnischen Einwohnerschaft Westpreußens eine Denkschrift in deutscher und polnischer Sprache gegen Einverleibung dieser Provinz in den Deutschen Bund.[54]

Der deutsche Anspruch, ganz Westpreußen in den Deutschen Bund zu integrieren, und die Erklärungen des polnischen Provisorischen Nationalkomitees von Ende März 1848 riefen wiederum die Konfliktsituation von 1846 hervor. Damals war ein am 21. Februar 1846 begonnener Aufstand von einer Übermacht preußischer Truppen niedergeschlagen und der im Vorjahr zum Oberbefehlshaber der nationalen Erhebung in Polen ernannte Politiker Ludwik Mierosławski (1814-1878) mit 253 anderen Polen vor Gericht gestellt worden.[55]

Die „Deutsche Zeitung" in Heidelberg vermeldete in ihrer Ausgabe vom 16. April 1848:[56]

* Elbing, 9. April. Von den „polnischen Emissären in Elbing", deren einer Ihrer heutigen Artikel aus Berlin erwähnt, ist hier keine Spur zu bemerken. Ich wüßte auch wahrlich nicht, an wen sie hier emittirt sein sollten, da es hier überhaupt keine Polen gibt. Die Tollheiten aber, die unter der slavischen Bevölkerung der Culmer und Graudenzer Gegend durch einige unbesonnene und ruchlose Menschen angestiftet sind, haben allerdings auch eine Remonstration von hier aus veranlaßt. Es wurde in der letzten Bürgerversammlung eine Proklamation an die Polen jener Gegend beschlossen, die mit einigen Modifikationen auch von Stadtverordneten und Magistrat adoptirt ist. Sie lautet: „Polen! Einige unbesonnene und boshafte Männer wollen Euch einreden, daß Westpreußen ein polnisches Land sei, und daß Ihr gerechte Ansprüche auf den Besitz selbst von Elbing und Danzig habet. Laßt Euch durch so thörichte und lügnerische Vorspiegelungen nicht verführen. Auch wir wünschen, daß es Euch gelingen möge, einen freien polnischen Staat innerhalb derjenigen Grenzen zu erwerben, die unbestreitbar dem polnischen Volke angehören. Solltet Ihr Euch aber verleiten

---

[54] Vgl. Denkschrift über die Ereignisse im Großherzogthum Posen seit dem 20. März 1848, aus den Akten des Königl. Preuß. Ministeriums des Innern, Berlin 1848; Rosenberg, Bernhard-Maria, „Petitionen aus Westpreußen an die Deutsche Nationalversammlung in Frankfurt 1848/49", in: BGW, Bd. 4, Leer 1973, S. 110-150.

[55] www.deutsche-und-polen.de.

[56] Deutsche Zeitung, S. 852. Vgl. Pommerin, Reiner; Uhlmann, Manuela (Hgg.), Quellen zu den deutsch-polnischen Beziehungen 1815-1991 (= Quellen zu den Beziehungen Deutschlands), Darmstadt 2001, S. 46.

lassen, auch nur eine Hand breit Landes von Westpreußen an Euch reißen, oder die Bestimmung zwischen polnischer und deutscher Grenze innerhalb des jetzigen Großherzogthums Posen auf irgend einem andern Wege, als auf dem der gütlichen Vereinbarung mit den Vertretern des deutschen Volkes treffen zu wollen: alsdann werdet Ihr an den Deutschen ebenso entschiedene Feinde finden, wie Ihr jetzt noch entschieden auf ihre Freundschaft rechnen dürft. Die Waffen, welche wir mit Euch gegen Rußland führen möchten, werden alsdann gegen Euch gerichtet sein. Der Fluch eines Krieges zwischen zwei Völkern, welche dazu bestimmt sind, um in inniger Verbrüderung den Barbaren des Ostens zu widerstehen, wird nicht auf unsre, sondern auf Eure Häupter fallen."

Die Bundesversammlung fasste am 3. Oktober 1851 den Beschluss, dass die Provinzen Ost- und Westpreußen sowie der im Bundesprotokoll vom 22. April und 1. Mai 1848 bezeichnete Teil des Großherzogtums Posen nicht als zum Gebiete des Deutschen Bundes gehörend zu betrachten seien.[57]

In der vierten Sitzung der Zweiten Kammer des preußischen Abgeordnetenhauses vom 3. Dezember 1852 wird die Kandidatur des Dirschauer Pfarrers Mettermeyer erwähnt. Im vierten Danziger Wahlbezirk hatte bei der Wahl eines Abgeordneten eine Doppelwahl stattgefunden, und zwar zunächst als „prinzipale" und danach als eine „eventuelle". Bei der ersten Abstimmung wurden 231 Stimmen abgegeben, von denen 98 auf den Dirschauer Geistlichen entfielen. Die absolute Mehrheit hatte Mettermeyer damit aber nicht erreicht. Im Einzelnen waren die Stimmen so verteilt:

1) Pfarrer Mettermeyer zu Dirschau 98
2) der Rittergutsbesitzer Stampe aus Groß-Turze, Kreis Pr. Stargard, 82
3) der Gutsbesitzer Thomsen aus Jeseritz b. Preuß. Stargard 48
4) der Kreisgerichts-Direktor Friedberg 1
5) der Major Krause 1
6) Klamann aus Wola 1

Im zweiten Wahlgang erzielte dann der Gutsbesitzer Stampe mit 117 Stimmen die meisten Stimmen.[58]

Friedwald Moeller stellte das Altpreußische evangelische Pfarrerbuch von der Reformation bis zur Vertreibung im Jahre 1945 zusammen. Zwischen den ab 1823 bzw. ab 1857 in Dirschau wirkenden Pfarrern Johann Wilhelm Anger und Heinrich Gebser fehlten ihm nähere Hinweise. Diese Lücke kann somit nun geschlossen werden.[59]

---

[57] Kaltenborn, Carl von, Geschichte der deutschen Bundesverhältnisse und Einheitsbestrebungen von 1806 bis 1856, 2. Bd., Berlin 1857, S. 323.
[58] Stenographische Berichte über die Verhandlungen der durch die Allerhöchste Verordnung vom 13. November 1852 einberufenen Kammern, Zweite Kammer, 1. Bd., Berlin 1853, S. 32 f.
[59] Friedwald Moeller, Altpreußisches evangelisches Pfarrerbuch von der Reformation bis zur Vertreibung im Jahre 1945, Bd. 1: Die Kirchspiele und ihre Stellenbesetzungen, Sonderschriften des Vereins für Familienforschung in Ost- und Westpreußen e.V. Nr. 11, Hamburg 1968, S. 169.

Brückenbau. — In Dirschau an der Weichsel ward im Anfang dieses Monats mit einem der großartigsten Bauwerke des Staats begonnen, nämlich mit der Kettenbrücke über die Weichsel, über welche auch die preußische Ost=Eisenbahn führen soll. Die Brückenköpfe werden feste Thürme, die Brücke selbst wird auf vier großen, im Winterstrombett zu erbauenden Pfeilern ruhen.

Zeitungsartikel über den Baubeginn der Brücke über die Weichsel bei Dirschau: „ward ... mit einem der großartigsten Bauwerke des Staats begonnen". Eisenbahn-Zeitung, Stuttgart, 5. Oktober 1845, S. 341.

Die 800 Meter lange Weichselbrücke bei Dirschau, hier auf einer Zeichnung von 1858, wurde im Zuge des Baus der Preußischen Ostbahn von 1851 bis 1857 errichtet. Sie war lange Zeit die längste Brücke in Nordeuropa. Repro: Blazek

Die Brücke über die Weichsel bei Dirschau (*Tczew*) wurde im Zuge des Baus der preußischen Ostbahn der Strecke Berlin-Königsberg in den Jahren 1845 bis 1847 und 1850 bis 1857 erbaut. Sie zählt neben der Brücke über den Rhein bei Köln zu den bedeutendsten Gitterbrücken. Am 12. Oktober 1857 passierte der erste Eisenbahnzug die Brücke, und damit wurde die Strecke Dirschau-Marienburg dem Betrieb übergeben. Die Weichselbrücke war bei ihrer Fertigstellung nicht nur eine der frühesten kombinierten Straßen- und Eisenbahnbrücken, sondern auch eine der schönsten Deutschlands. Wegen ihrer überragenden Brückenfunktion wurde die Stadt 1919 Polen zugeschlagen, obwohl die Einwohnerschaft weit überwiegend deutsch war. Aufgrund der kuriosen Grenzziehung konnten Danziger Staatsbürger nicht per Bahn ins reichsdeutsche Marienburg fahren, weil die Eisenbahnstrecke kurz vor Mühlbanz (*Miłobądź*) auf polnisches Gebiet geriet. Wer vor dem Krieg mit dem so genannten „Korridorzug" von Deutschland (Berlin) nach Deutschland (Ostpreußen) durch Polen fuhr, saß zwischen Konitz (*Chojnice*) und Dirschau im plombierten Waggon.[60]

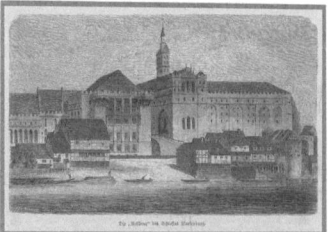

Die „Residenz" des Schlosses Marienburg. Holzstich aus dem Jahr 1859. Repro: Blazek

---

[60] Vgl. Zeitschrift für das Bauwesen, Bd. 43, Berlin 1893, S. XLIX.

In den 1860er Jahren wird aus Westpreußen fast immer berichtet, dass bei Wahlen die katholische Bevölkerung ungeachtet ihrer Sprache geschlossen für den polnischen Kandidaten gestimmt habe.[61]

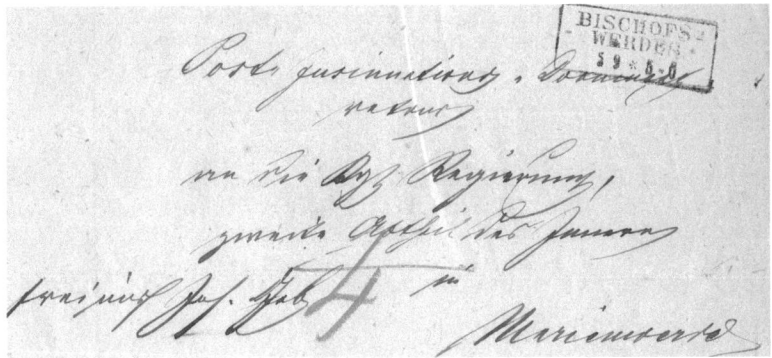

Das „Insinuations-Dokument", auch „Post-Insinuations-Dokument" genannt, wurde in Preußen 1839 eingeführt. Es handelt sich um einen Vorläufer der Postzustellungsurkunde. Im Bild eine „Post-Insinuations-Dokumentretour" an die Königliche Regierung, zweite Abteilung des Innern in Marienwerder. Repro/Sammlung: Blazek

Der Deutsche Krieg von 1866, ursprünglich als Preußisch-Deutscher Krieg bezeichnet, war die kriegerische Auseinandersetzung des Deutschen Bundes unter Führung Österreichs mit Preußen und dessen Verbündeten. Das 4. Ostpreußische Grenadier-Regiment Nr. 5, ein Regiment der Königlich Preußischen Armee, war nahezu ausschließlich mit aus Westpreußen stammenden Soldaten besetzt. Eingesetzt war es bei den verlustreichen Gefechten von Trautenau/Böhmen (27. Juni 1866, einziger Sieg der Österreicher im Deutschen Krieg von 1866) und Königgrätz/Böhmen (3. Juli 1866).[62]

In Gefangenschaft geratene preußisch-polnische Untertanen wurden in den sechziger Jahren des 19. Jahrhunderts beim Eisenbahnbau in Zentralrussland eingesetzt. Ihre Entlassung in die Heimat erfolgte im November 1866. Eingesetzt waren sie beim Eisenbahnbau der Linien Moskau-Orel, Tula-Orel und Orel-Kursk. Die Strecke Moskau-Orel wurde im September 1866 eröffnet, die Strecken Tula-Orel (Anfang 1868 eröffnet) und Orel-Kursk (Fortsetzung der zum schwarzen Meere zielenden Linie Moskau-Orel), zu deren Bau noch eine Arbeiter-Brigade während der sieben Arbeitsmonate des Jahres 1866 aus fünf und während fünf Monaten des Jahres 1867 aus zwei Kompanien von je 400 Mann formiert worden waren, kamen in der Fertigstellungsphase ohne die Arbeitskraft westpreußischer Gefangener aus.

---

[61] Nordost-Archiv – Zeitschrift für Regionalgeschichte, Neue Folge Band XV, Lüneburg 1998, S. 614.
[62] Günther, Peter P. E., Die Verluste der Regimenter der Kgl. Preußischen Armee an Ost- und Westpreußen im Feldzug von 1866, Sonderschriften des Vereins für Familienforschung in Ost- und Westpreußen e.V. Nr. 38, Hamburg 1978.

Aus Westpreußen stammten:[63] Hiacenry Blazek, 25 Jahre, Bauer aus Bobau/Krs. Stargard; Jan Brzeziński, 22 Jahre, Bauer aus Omule/Krs. Löbau; Jakób Binkowski, 35 Jahre, Bauer aus Lonzyn/Krs. Thorn; Józef Biernacki, 25 Jahre, bürgerlicher Abkunft, aus Thorn; Józef Bartusinski, 23 Jahre, bürgerl. Abkunft, aus Thorn; Leonard Wewierowski, 25 Jahre, Bauer aus Jastrzembie/Krs. Strasburg; Hubert Witkowski, 33 Jahre, ?, aus Culmsee; Józef Wagner, 23 Jahre, bürgerlicher Abkunft, aus Conitz/Krs. Conitz; Józef Grunowski, 22 Jahre, ?, aus Skarlin/Krs. Löbau; Teodor Dembiński, 27 Jahre, Bauer aus Tillitz/Krs. Löbau; Władisław Samrey, 26 Jahre, Bauer aus Pomieska/Krs. Löbau; Jan Liprowksi, 25 Jahre, Bauer aus Siedlce/Krs Conitz; Antoni Łukaschewski, 25 Jahre, ?, aus Gollub; Franciszek Michna, 23 Jahre, Bauer aus Bobau; Józef Ostremba, 23 Jahre, Bauer aus Nikolaiken/Krs. Löbau; Leonard Przetak, 25 Jahre, bürgerl. Abkunft, aus Danzig; Stanislaw Prochenkiewicz, Bauer aus Löbau; Micha! Rynowski, 35 Jahre, Bauer aus Czersk/Krs. Conitz; Franc. Sabenik, 23 Jahre, Bauer aus Czersk; Franc. Sadowski, Bauer aus Krzemieniewo/Krs. Löbau; Franc.

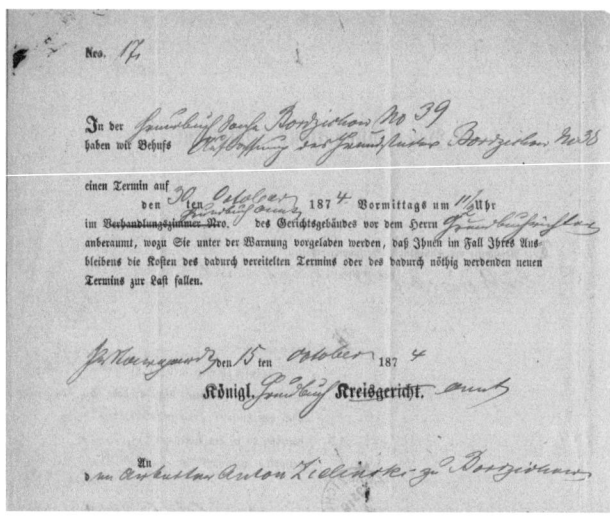

Post-Insinuations-Dokument (Vorläufer der Postzustellungsurkunde) aus dem Jahre 1874. „In der Feuerbuch Sache Bordzichow No 39 haben wir Behufs Auflassung des Grundstückes Bordzichow No 38 einen Termin auf den 30ten October 1874 Vormittags um 11/2 Uhr im Grundbuch Amt des Gerichtsgebäudes vor dem Herrn Grundbuchrichter anberaumt, wozu Sie unter der Warnung vorgeladen werden, daß Ihnen im Fall Ihres Ausbleibens die Kosten des dadurch vereitelten Termins oder des dadurch nöthig werdenden neuen Termins zur Last fallen. Pr Stargard, den 15ten October 1874 / Königl. Grundbuch Amt An den Arbeiter Anton Zielinski zu Bordzichow" Repro/Sammlung: Blazek

---

[63] Böhning, Peter, Die nationalpolnische Bewegung in Westpreußen, 1815-1871, Ein Beitrag zum Integrationsprozeß der polnischen Nation (Marburger Ostforschungen, 33), Marburg/Lahn 1973, S. 172, FN 31.

Ost-West-Binnenwanderung

Mit der Proklamation des preußischen Königs Wilhelms I. zum Deutschen Kaiser am 18. Januar 1871 im Spiegelsaal des Schlosses Versailles wurde das Deutsche Kaiserreich (1871-1918) offiziell gegründet

Mitte der 1890er Jahre setzte im Deutschen Reich ein wirtschaftlicher Aufschwung ein, der bis 1913 anhielt. In diesem Zeitraum erreichte die gesamte Wertschöpfung der Volkswirtschaft eine Steigerung von 75 Prozent, wobei sich die Gesamtproduktion von Industrie und Handwerk verdoppelte.

Die Industrialisierung schuf die Voraussetzung für die Binnenwanderung, die „größte Massenbewegung der deutschen Geschichte". In der beginnenden Hochindustrialisierungsphase war die deutsche Industrie so weit entwickelt, dass sie die Arbeitskräfte aus den strukturschwachen, übervölkerten ländlichen Gebieten des Deutschen Reiches größtenteils aufnehmen konnte. Daraufhin setzte ein struktureller Umbruch der Auswanderung zur Ost-West-Wanderung innerhalb des Reiches ein. Mit Beginn der neunziger Jahre wanderten vornehmlich Bewohner der nordöstlichen Provinzen Preußens (Ostpreußen, Westpreußen, Posen) und aus Mecklenburg in die Hansestädte und nach Berlin, zum weit überwiegenden Teil aber in die preußischen Industrieprovinzen Rheinland und Westfalen aus.[64]

Vergleicht man, als ein Resultat der Binnenwanderungen, die regionalen Bevölkerungsverteilungen im Deutschen Reich zwischen 1871 und 1910, dann wird deutlich, in welchem Maße die beiden preußischen Westprovinzen, Rheinland und Westfalen, durchgängig von der Binnenwanderung profitierten. Westfalen verzeichnete einen Zuwachs von 132,4, die Rheinprovinz von 99,0 Prozent. Die Bevölkerung Westpreußens stieg im Zeitraum 1871 bis 1910 von 1,823 Millionen auf 2,064 Millionen Einwohner an, was einen Zuwachs von 13,2 Prozent bedeutete.[65]

Fallbeispiel:

Familie Blazek, Dirschau, später Essen-Kray

Joseph Blazek wurde als gemeinsames Kind von Arbeiter Johann Błach aus Raikau und seiner Ehefrau Katharina Sakowska am 18. Dezember 1879 geboren. Getauft wurde er am 21. Dezember, die Taufpaten waren Johann Baranoska und Mariana Sasztkowa. Er hatte einen älteren Bruder, Johann, der am 3. September 1874 in Raikau geboren worden war. Beim dortigen Taufeintrag wurde seine Mutter noch mit dem Vornamen Mariana bezeichnet.[66]

---

[64] Zit. n. Goswinkel, Dieter, Einbürgern und Ausschließen, 2. Aufl., Göttingen 2003, S. 181.

[65] Ritter, Gerhard A.; Tenfelde, Klaus, Arbeiter im deutschen Kaiserreich – Geschichte der Arbeiter und der Arbeiterbewegung in Deutschland seit dem Ende des 18. Jahrhunderts, Bd. 5, 1871 bis 1914, Bonn 1992, S. 187; Aubin, Hermann; Zorn, Wolfgang, Handbuch der deutschen Wirtschafts- und Sozialgeschichte, Bd. 2, Stuttgart 1976, S. 18.

[66] Bischöfliches Zentralarchiv Regensburg, Raikau Bd. W 1268 S. 290 FN 8. Laut Heiratsurkunde (1905, Standesamt Kray) wurde Joseph Błach drei Tage früher geboren (15. Dezember 1879).

Die Familie zählte zur fremdsprachigen Minderheit der Polen, die im Deutschen Kaiserreich besonders in den westpreußischen Landesteilen westlich und südlich von Dirschau (*Tczew*) anzutreffen war (Westseite der Weichsel).[67]

Als Joseph Blazek, nunmehr unter seinem neuen Familiennamen, am 6. Februar 1905 in Kray bei Essen Martha Wendt heiratete, die am 13. November 1883 in Schüddelkau/Kreis Danziger Höhe als Kind von Therese und Franz Wendt (Rohrformer) geboren worden war, lebten seine Eltern bereits nicht mehr. Der Vater Johann war zuletzt Fabrikarbeiter in Hüllen im Kreis Gelsenkirchen gewesen, die Mutter hatte zuletzt in Lunau, dicht bei Dirschau, gelebt.

Joseph Blazek arbeitete wie sein Vater als Fabrikarbeiter, u. a. in der Zeche Königshütte bei Hamm, und kam um das Jahr 1937 nach mündlicher Überlieferung bei einem Grubenunglück ums Leben. Seine Witwe Martha ging nach Kriegsende nach Celle in Niedersachsen, änderte den Familiennamen vorübergehend in „Blaschek" und starb laut Eintrag auf der Heiratsurkunde von 1905 am 12. April 1950.

Aus der Ehe gingen die gemeinsamen Kinder Anneliese, Änne (1907-1980), Franz (1910-1976), Kurt und „Theresien" hervor.

Familienfoto um das Jahr 1919. Es zeigt den in Westpreußen am 15. Dezember 1879 geborenen Joseph Błach, der wie sein Vater als Fabrikarbeiter arbeitete, allerdings unter seinem neuen Namen Joseph Blazek nebst Ehefrau Martha, geb. Wendt (* 13. November 1883 in Schüddelkau, Kreis Danziger Höhe), und den Kindern Änne und Franz (hinten rechts). Ein drittes Kind, Anneliese, war damals bereits aus dem Haus. Foto: Blazek

---

[67] Karte von Otto-Ernst Schüddekopf, in: Das Kaiserliche Deutschland – Wirtschaft, Politisches System, Gesellschaft (= Tempora – Quellen zur Geschichte und Politik), Stuttgart 1985, S. 6.

Weitere Beispiele für die Auswanderung von Raikau nach Essen in der Zeit des Deutschen Kaiserreichs finden sich bei den Familien Lipski (Franciszek Lipski, 1888 in Raikau geboren) und Wiesel (Barbara Marsfeld am 22. Dezember 1901 in Raikau geboren).[68]

Die Linie der pommerellischen Familie Błach lässt sich nicht problemlos weiter zurückverfolgen. Die Kirchenbücher geben Auskunft über das Vorhandensein von etwa einem Dutzend Personen dieses Familiennamens in Pommern im 19. Jahrhundert. Frühere Hinweise geben die pommerschen Kirchenbücher nicht. 1804 taucht erstmals ein Błach in Pommern auf, und zwar mit dem Vornamen Joseph in Groß Falkenau (*Wielki Walichnowy*). Und bevor dann ab 1866 im Kirchenbuch der römisch-katholischen Pfarrei Błachs auftauchen, sind sie in Pommern ausschließlich und zudem recht stark in Skurcz (*Skórcz*), einer Stadt am Rande der Tucheler Heide (*Bory Tucholskie*), ebenfalls im Kreis Pr. Stargard gelegen, anzutreffen. Dort findet sich 1854 der in diesem Zusammenhang nicht unbedeutende Hinweis „Jan Błach alias Błażek". In jenem Augenblick war – vielleicht durch Kindesannahme – der Namenswechsel vollzogen, der zudem die Namensänderung bei der späteren Auswanderung erklärt. Und Barbara Błażek, die Józef Wyklęt (1849-1934) heiratete und am 8. Mai 1899 in Skurcz starb, hatte 1858 das Licht der Welt erblickt.

Wiedereinrichtung von Westpreußen als selbstständige Verwaltungseinheit

Am 1. April 1878 wurde die Provinz Preußen in Ostpreußen und Westpreußen geteilt. An der Spitze jeder Provinz stand je ein Oberpräsident in Danzig und Königsberg. Die Selbstverwaltung wurde von einem Landeshauptmann geleitet. Auf diese Weise wurde Westpreußen eine eigene „Provinz Westpreußen" mit dem Regierungssitz Danzig.[69]

Am 6. April 1878 wurde in Danzig der Westpreußische Botanisch-Zoologische Verein begründet. Am gleichen Tag gab man sich ein Statut. Der Verein machte mit Berichten, Vorträgen, Abhandlungen und Wanderausstellungen von sich reden. 1942 wurde letztmalig ein Bericht (Nr. 62 in der Zeitschrift für Mundartforschung 18/1942, S. 210) abgedruckt, die Vereinstätigkeit kam 1944 zum Erliegen.[70]

Das Landesverwaltungsgesetz vom 30. Juli 1883

Das auch für die westlichen Provinzen geltende Gesetz über die allgemeine Landesverwaltung vom 30. Juli 1883 brachte – zusammen mit der Kreisordnung

---

[68] http://boards.ancestry.com (Lipski); http://worldconnect.rootsweb.com (Marsfeld).
[69] Ziesemer, Johann, Die Provinzen Ost- und Westpreußen (Landeskunde Preußens, Heft XI), hrsg. von August Beuermann, Berlin/Stuttgart 1901, S. 92.
[70] Vgl. Lippky, Gerhard, „Das Westpreußische Provinzial-Museum in Danzig 1880-1945 und seine vier Direktoren", in: Landsmannschaft Westpreußen (Hrsg.), Westpreußen-Jahrbuch, Bd. 30, Münster 1980.

des folgenden Jahres – die volle Eingliederung der Provinz Hannover in den preußischen Staat. Es hatte verschiedene Schwerpunkte: Beibehaltung der sechs Landdrosteibezirke als Regierungsbezirke, jedoch Organisation der Regierungen teilweise nach dem Vorbild der Stralsunder Regierung, Aufhebung der katholischen Konsistorien und Übertragung der Volksschulsachen auf die Regierungen (§ 26 des Landesverwaltungsgesetzes). In Paragraph 23 verlautete: „Die landwirthschaftlichen Abtheilungen der Regierungen zu Königsberg und Marienwerder, sowie die bei den Regierungen der Provinzen Ost- und Westpreußen und zu Schleswig bestehenden Spruchkollegien für die landwirthschaftlichen Angelegenheiten werden aufgehoben. Die Zuständigkeiten dieser Behörden, sowie diejenigen der Abtheilungen des Innern der Regierungen zu Gumbinnen, Danzig und Schleswig als Auseinandersetzungsbehörden gehen auf Generalkommissionen (§. 16) über."[71]

Hierzu sei der Hinweis erlaubt, dass damit erst zu diesem späten Zeitpunkt (1883) die Maßnahmen zur Übertragung des Eigentums an die bäuerlichen Stellenbesitzer (so genannte Bauernbefreiung respektive Stein-Hardenbergsche Reformen) abgeschlossen wurden, die eigentlich nach dem weiter oben hervorgehobenen Edikt von 1812 nur zwei Jahre hätten dauern sollen. Die genannten und nun aufgelösten landwirtschaftlichen Abteilungen hatten nämlich zur Abwicklung der Auseinandersetzungen geschaffen werden müssen, die um die Eigentumsübertragungen entstanden waren.

Stadtwappen von Tiegenhof (*Nowy Dwór Gdański*) bei Danzig. Im September 1880 verlieh der König von Preußen dem Marktflecken Tiegenhof die Stadtrechte, die am 1. April 1881 in Kraft traten. Tiegenhof war in der 2. Hälfte des 16. Jahrhunderts neben einem Domänenhof der Danziger Kaufmannsfamilie Loitze entstanden. Sammlung/Repro: Blazek

Es ist es bis weit ins 20. Jahrhundert so geblieben, dass die Landwirtschaft wesentliche Erwerbsgrundlage war, selbst wenn sie nur der Selbstversorgung diente, wie man das auch am Zuschnitt beispielsweise der Bergmannssiedlungen nachweisen könnte.

---

[71] Gesetz-Sammlung für die Königlichen Preußischen Staaten Nr. 25. Vollständiger Abdruck bei: Blazek, Matthias, Die Geschichte der Bezirksregierung Hannover im Spiegel der Verwaltungsreformen, Stuttgart 2004, S. 59-65.

Angesichts des Erstarkens des Polentums in wirtschaftlicher wie in nationaler Hinsicht wurde 1886 in Posen die „Preußische Ansiedelungskommission" für Posen und Westpreußen ins Leben gerufen. Rechtsgrundlage hierfür war das Ansiedlungsgesetz vom 26. April 1886. Die preußische Ansiedlungskommission sollte mit Hilfe erheblicher staatlicher Gelder – zunächst wurden 100 Millionen Mark zur Verfügung gestellt – den Aufkauf von polnischen Gütern und die Ansiedlung von deutschen Bauern im Osten in systematischer Weise betreiben.[72]

Der preußische Ministerpräsident Otto von Bismarck (1815-1898) hatte ursprünglich lediglich vor, polnische Güter *sub hasta* (im Wege der Versteigerung) aufzukaufen und als Domänen mit national zuverlässigen deutschen Pächtern zu besetzen. Die Nationalliberalen verlangten aber eine Ansiedlung deutscher Bauern. Da Bismarck ihre Stimmen brauchte, gab er nach. In seiner großen Polenrede vom 28. Januar 1886 im Abgeordnetenhaus erklärte er indes: „Wir wollen nicht das Polentum ausrotten, sondern wir wollen das Deutschtum davor schützen, dass es seinerseits ausgerottet werde."[73]

Ein kleines Konvolut von Personenporträts aus Bromberg (*Bydgoszcz*) aus der Zeit um 1890. Der Herr hat sich im Fotoatelier von R. Schreiber an der Danziger Str. 162 in Bromberg, die Frau mit ihrem Kind im Fotoatelier von R. Bradengeier, Wilhelmstr. 14 in Bromberg, und die junge Frau im benachbarten Fotoatelier Th. Joop, Wilhelmstr. 15, fotografieren lassen. Bei diesem letzten Foto steht umseitig in Sütterlin: „T. Helene", was auf eine Tochter namens Helene hinzuweisen scheint. Repros/Sammlung: Blazek

---

[72] Zwischen 1886 und 1914 brachte Preußen rund eine Milliarde Goldmark für die Ansiedlung deutscher Bauern auf. Ausführlich: Jakóbczyk, Witold, Pruska Komisja Osadnicza 1886-1919 (Die Preußische Ansiedlungskommission 1886-1919), Poznań 1976; Pragier, Adam, „Królewsko-pruska Komisja Kolonizacyjna: 1886-1918", in: Ekonomista 20 (1920), Bd. 2, S. 29-92: Tab. (Die königlich-preußische Ansiedlungskommission: 1886-1918.)
[73] Blum, Hans, Fürst Bismarck und seine Zeit – Eine Biographie für das deutsche Volk, Bd. VI (1880-1895), München 1895, S. 171.

Hermann Ventzke (1847-1936) kam 1875 nach Rathenow und unterrichtete dort 45 Jahre lang am Realgymnasium. Daneben machte er sich als Heimatfotograf einen Namen. Seit dem Ende der 1870er Jahre porträtierte er mit seiner großen, hölzernen Plattenkamera Städte und die einheimische Bevölkerung. Er war nicht nur in seiner Heimat Brandenburg unterwegs, sondern besuchte in den Sommermonaten auch mehrmals das Land am Unterlauf der Weichsel. Sein besonderes Augenmerk richtete er dabei auf den Wiederaufbau der Marienburg. Er besuchte und fotografierte aber auch Thorn, Graudenz, Marienwerder und Danzig und überlieferte damit wertvolle Zeitdokumente aus der ehemals preußischen Provinz Westpreußen. Ein eindrucksvolles Foto ist das der Familie Jaffe in Hammerstein am 22. Juni 1887. Cellesche Zeitung vom 8. Mai 2007. Repro: Blazek

Haff-Chaussee bei Cadinen (*Kadyny*). Ursprünglich war Cadinen, im Kreis Elbing (*Elbląg*) am Frischen Haff gelegen, Gerichtshof des Komturs von Elbing, bis 1410 ein Waldmeister des Ordens dort seinen Sitz nahm. Im Jahr 1898 ging das Gut Cadinen in den Besitz des preußischen Königs und deutschen Kaisers Wilhelm II. über. Bekannt ist Cadinen heute durch sein staatliches Gestüt, in dem ab 1951 Pferde der „großpolnischen Rasse" gezüchtet wurden. Inzwischen scheint es seine Zuchtbestände aufgegeben zu haben. Die Anlage erscheint heruntergekommen, die Ställe sind verfallen und weitgehend nicht mehr genutzt. Sammlung/Repro: Blazek

Postkartengruß aus Danzig „bezw. Neufahrwasser" von 1899. Neufahrwasser war Hafen und Vorstadt von Danzig, links an der Weichselmündung, mit der Ostsee durch einen Hafenkanal verbunden und mit zwei Leuchttürmen. Repro: Blazek

Postkartengruß aus Konitz aus dem Jahr 1900. Antisemitismus gipfelte dort am 7. Juni 1900 in einen Synagogenbrand. Im März 1900 verschwand in der westpreußischen Kleinstadt ein 18-jähriger Schüler namens Ernst Winter. Eine emsige Suche begann. Nach drei Tagen brachte sie ein erstes, grausiges Ergebnis: Der verstümmelte Rumpf des jungen Mannes wurde gefunden. Kopf und Gliedmaßen waren abgetrennt worden und fehlten. Der Vater fand den Torso seines Sohnes in einem nahe der Stadt gelegenen See. Antisemitische Politiker und Presseorgane trugen mit ihrer Agitation dazu bei, dass jüdische Gebäude demoliert wurden, die Synagoge von Konitz brannte fast vollständig aus. Die Karte trägt den Poststempel 2. September 1900. (Vgl. Christoph Nonn, „Zwischenfall in Konitz. Antisemitismus und Nationalismus im preußischen Osten um 1900", in: Historische Zeitschrift 166, 2 (1998), S. 387-418.) Repro: Blazek

45

Postkartengruß aus Dirschau von 1901. Repro: Blazek

Postkartengruß aus Marienburg (abgestempelt im Juni 1902). Repro: Blazek

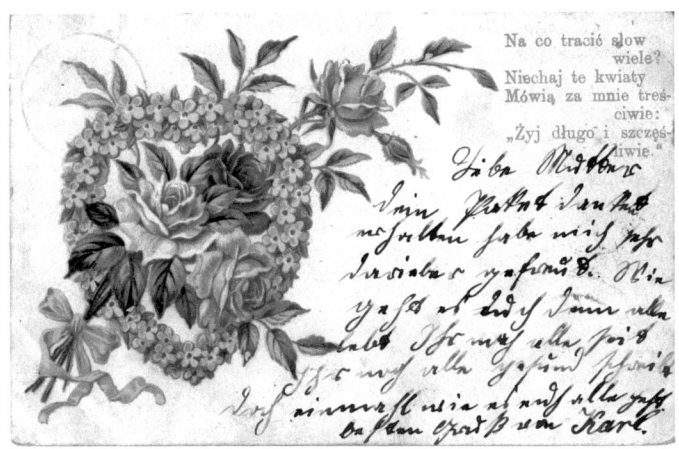

Eine Postkarte aus Mroczno, einem Ort von 1270 Einwohnern (1905) im Kreis Löbau, die am 10. Juni 1903 frankiert und gestempelt wurde. Der Klempner Karl Glogau richtete sich darin an seine Mutter, die als Witwe in Friedland in Ostpreußen (*Prawdinsk*) lebte: „Libe Mutter, Dein Paket dankend erhalten habe mich sehr darüber gefreut. Wie geht es Euch denn alle(,) lebt Ihr noch alle, seid Ihr noch alle gesund(,) schreibt doch einmal wie es euch alle geht. Besten Gruß von Karl." Repro: Blazek

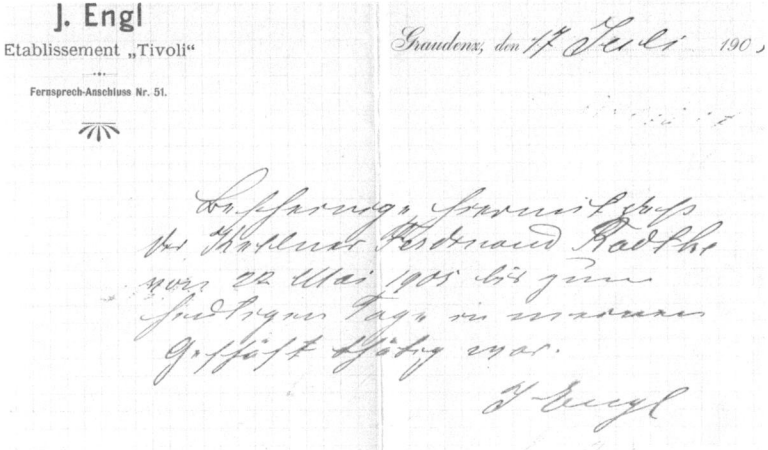

J. Engl in Graudenz, Etablissement „Tivoli", brachte am 17. Juli 1905 zu Papier: „Bescheinige hiermit, daß der Kellner Ferdinand Radtke von 22 Mai 1905 bis zum heutigen Tage in meinem Geschäft thätig war." Sammlung/Repro: Blazek

Zufallsfunde ergeben sich mitunter bei der Recherche im Internet. Privatanbieter bieten Fotos, Ansichtskarten, Bücher oder auch handschriftliche Dokumente, die mit Westpreußen im Zusammenhang stehen, zum Verkauf an. Es handelt sich um Dokumente, die den Weg ins Archiv nicht gefunden haben. Ein Beispiel ist ein Schreiben des Vorstandes der Königlichen Eisenbahn-Betriebsinspektion I zu Dirschau vom 16. November 1905. Gerichtet war es an die Königliche Eisenbahndirektion Danzig, wo es laut Eingangsstempel tags darauf einging. Und es betraf den Hilfsheizer Max Wenzel in Dirschau:

Ausweislich des beigefügten Auszugs aus dem Strafregister ist der Nebengenannte wegen Mißhandlung eines Untergebenen am 8/1. 1905 mit 10 Tagen Mittelarrest bestraft.[74]
Unter Ueberreichung von 7 Personal=Papieren wird um Entscheidung gebeten, ob p. Wenzel fernerhin als Hilfsheizer beibehalten werden kann, was diesseits befürwortet wird, da Führung und Leistungen mit „gut" bezeichnet werden können.

Elbing: Der Alte Markt, im Hintergrund das Markttor, das 1319 als Teil der Stadtbefestigung erbaut wurde. Ansichtskarte um 1910. Repro: Blazek

Im kaiserlichen Deutschland fanden die Volkszählungen ab 1875 im Fünf-Jahres-Rhythmus statt. So erfolgte am 1. Dezember 1910 im Deutschen Reich erneut eine Volkszählung. Mit 25 550 Quadratkilometern hatte Westpreußen einen Anteil von 4,2 Prozent an der Gesamtfläche Preußens. Die Zahl der Einwohner Westpreußens belief sich nach dem Ergebnis der Zählung auf rund 1 703 474 Personen, davon bezeichneten sich rund 789 000 Personen als evangelisch und rund 882 800 Personen als katholisch. Danzig und Elbing waren mit 170 337 beziehungsweise 58 636 Einwohnern die größten Städte Westpreußens. Als von deutscher/deutschsprachiger Herkunft bezeichneten sich 1 097 900 Personen, 475 853 Personen gaben sich als von polnischer und 107 100 Personen als von kaschubischer Herkunft aus. Damit gaben 65 Prozent der Bewohner Westpreußens Deutsch, 28 Prozent Polnisch und sieben Prozent Kaschubisch als

---

[74] Mittelarrest war in Preußen eine Disziplinarstrafe für Soldaten bis zum Unteroffizier bei Wasser und Brot und mit harter Lagerstätte. Sie dauerte in der Regel zwischen drei Tagen und sechs Wochen. Milder war die Strafform des gelinden Arrestes, schwerer die des strengen Arrestes (in Eisen).

Muttersprache an. 22000 bezeichneten sich als doppelsprachig. 837807 der Einwohner waren männlich, 865667 weiblich.[75]

Die in Westpreußen lebenden Deutschen waren hauptsächlich Nachfahren niederdeutscher Sachsen und germanisierter Slawen. So bevölkerten deutsche Einwanderer aus Westfalen die Stadt Thorn. Der polnischstämmige Bevölkerungsanteil lebte größtenteils links der Weichsel, wo auch die rund 100000 Kaschuben angesiedelt waren.[76]

Nach dieser Volkszählung, der letzten vor dem Ersten Weltkrieg (1914-1918), lebten in Ost- und Westpreußen zusammen rund 3,8 Millionen Einwohner.

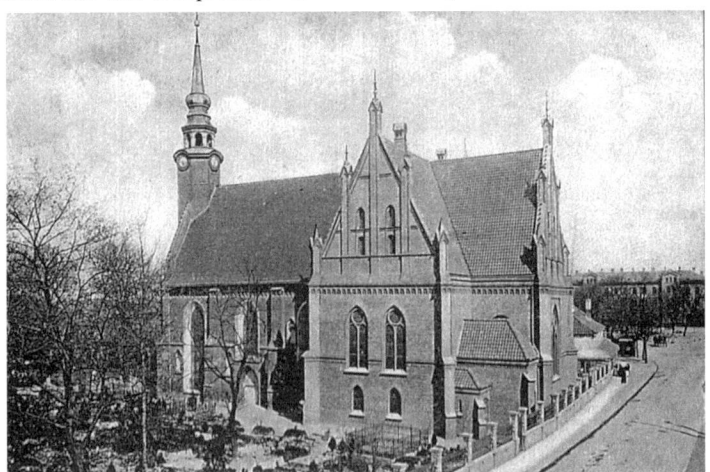

Elbing: Die 1405 errichtete St. Leichnamkirche. Ansichtskarte um 1910. Repro: Blazek

Momentaufnahme:

Aus der Zeit des Ersten Weltkrieges liegen zahllose Postkartengrüße aus den westpreußischen Garnisonen vor. So schrieb der Kriegsfreiwillige Wolfgang Mager in Thorn, Rekrutendorf 107, 5. Korporalschaft, seinem Kegelbruder Hans Treuter in Leipzig, Waldstr. 41, am 7. Oktober 1914 per Feldpost: „Lieber Herr Treuter! Über Ihre freundlichen Grüße aus dem Kegelklub 300 habe ich mich sehr gefreut und danke Ihnen bestens dafür. Ich habe mich bis jetzt immer gesund gehalten trotz der Kälte und mancher Aufregungen. Heute haben wir zum ersten mal scharf geschossen, wobei ich mit 3 Schüssen 29 Ringe erzielte (Folge 9, 9, 11). Ihnen wäre es wohl auch viel lieber, wenn Sie schon längst über alle

---

[75] Königlich Preußisches Statistisches Landesamt (Hrsg.), Gemeindelexikon für die Regierungsbezirke Allenstein, Danzig, Marienwerder, Posen, Bromberg und Oppeln, Berlin 1912. Es ergibt sich eine vergleichsweise geringe Bevölkerungsdichte von etwa 67 Einwohnern je Quadratkilometer. Siehe ausführliche Bewertungen bei Broesike, Max, Deutsche, Polen, Masuren und Kassuben in der Provinz Westpreußen, Berlin 1910; Tolksdorf, Ulrich, Essen und Trinken in Ost- und Westpreußen, Teil 1, Marburg 1975, S. 43; Braun, Fritz, Landeskunde der Provinz Westpreußen, Leipzig 1912, S. 51 f.

[76] www.deutsche-schutzgebiete.de/provinz_westpreussen.htm.

Berge, von dem Vaterlande .... fort. Hier gibt es viel russische Kriegsleute und Gefangene zu sehen. Die Geschütze sind in sehr gutem Zustande und kommen der Unsagenhaft gleich. Viele Grüße und auf baldige Nachricht wartend Ihr Wolfgang Mager."

Paul Hanke in Dirschau schrieb der Familie Rieldorf in Berlin N.W. 23, Holsteiner Ufer 6, am 14. Mai 1915: „Werte Familie Rieldorf! Soeben haben wir unverhofft Einquartierung erhalten und da der Soldat Sie alle kennt, gedenken wir Ihrer und senden die herzlichsten Grüße mit dem Wunsche auf baldiges gesundes Wiedersehen." Hilde und Otto nutzten den freien Platz auf der Postkarte und schrieben: „Liebe Hanni! Soeben komme ich mit meinen Eltern von einem Geburtstag. Meine Mama schimpft schon an der Tür über die Einquartierung. Viele herzl. Grüße Euch allen."

E. Beyer in Dirschau, Königsbergerstr. 22, schrieb dem Fräulein Hedel Klonowski in Danzig-Langfuhr, Hochschulenweg 5 (per Adresse Frl. Meyer), seiner Tante, am 4. Mai 1916: „Liebe Tante Hedel. Wir sind alle gesund und munter und hoffen von dir desgleichen. Auch die Großeltern sind beide gesund und munter. Bei uns ist jetzt schon ein herrliches Wetter. Bloß es müßte noch mehr regnen. Liebe Tante sende dir hiermit eine Abbildung von deiner lieben Liesel (Abb. links), hoffentlich wird sie dir gefallen. Bin in der Zeit nur etwas zu ernst gewesen."

Selma schrieb ihrer Schwester Marie Daus in Rosenberg/Westpreußen am 3. März 1913: „Ich bin hier gut angekommen. Wie ist es dir nachdem ergangen? Sorge man dafür daß wir die Billjete zusammen bekommen, laß Vater für mich eins auch nehmen, wenn ers nicht will so bezahl ich es auch. Ich komme Donnerstag noch rüber. Sonst alles gut. Mit Gruß Selma." Die Absenderin schrieb aus Riesenburg (*Prabuty*). Sammlung/Repro: Blazek

Feldpostkartengruß aus Dirschau vom 17. Februar 1915. Repro: Blazek

Diese Feldpostkarte wurde am 4. März 1915 an die Familie Joh. Putzka in Tempelhof bei Berlin, Stolberger Str. 10a, gerichtet. Sie zeigt eine Reihe verletzter Soldaten nebst einer Krankenschwester im Reserve-Lazarett Dirschau. Darin schreibt Fritz, der die Lokalität genauer bezeichnet mit „Wehrm. F. Barr. Reserve Laz. Dirschau. Posthalle.": „Dirschau, (Westpr.) d. 4.3.15. Meine Lieben! Habt Ihr meine Karte auf der ich Euch meine Verwundung mittheilte nicht erhalten? Mutter hat schon mehrere Karten erhalten; auch wie Ihr, hab ich noch keine Nachricht. Sonst geht es mir noch gut; das ich 25 Pfd. abgenommen habe, ist mir wohl anzusehen. Es grüßt Euch Lieben Alle! Euer! Fritz." Sammlung/Repro: Blazek

Postkarte aus Graudenz vom Jahr 1915. Repro: Blazek

Anton Balduan, Klosterstraße 6 in Berent (*Kościerzyna*), einer Stadt in der Kaschubei, bestellte bei der Musikwarenfirma G. A. Pfretzschner in Markneukirchen i. Sa. am 9. Dezember 1916 „sofort per Post und per Nachnahme" eine Geige der Bauart Steiner für 7,50 Mark inklusive Bogen. Postkarte Sammlung Blazek

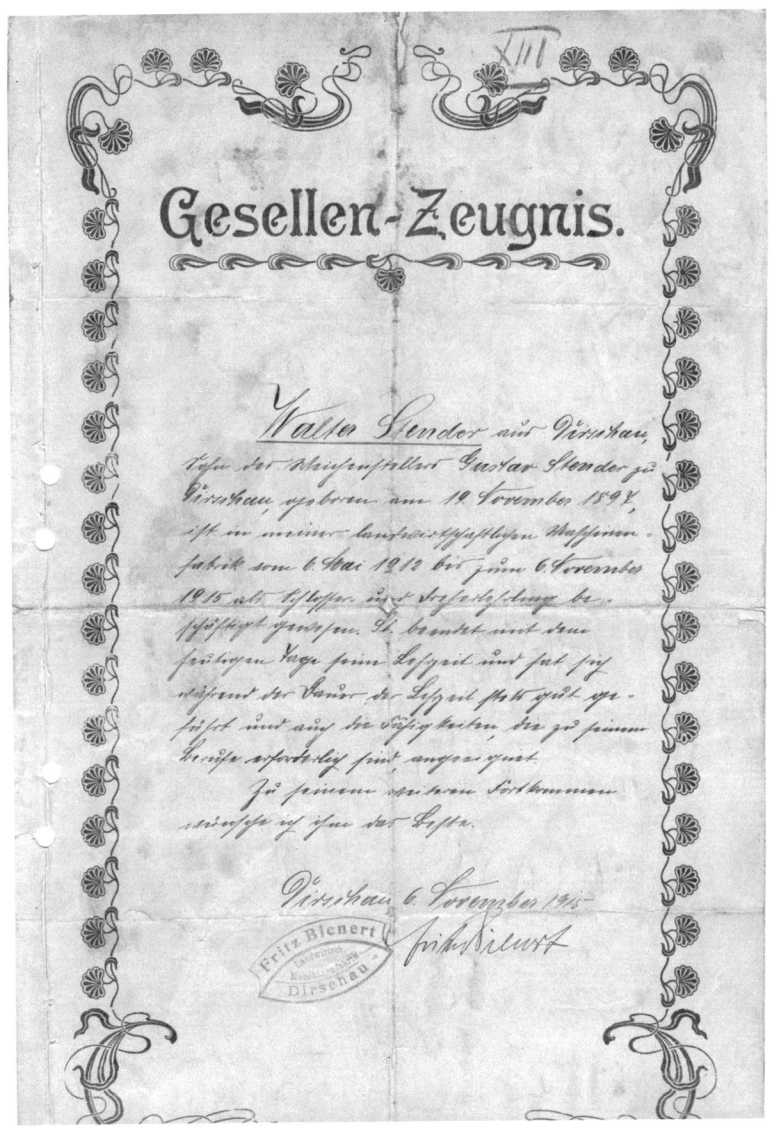

Der Maschinenfabrikant Fritz Bienert in Dirschau stellte am 6. Dezember 1915 dieses Gesellenzeugnis für den Weichenstellersohn Walter Stender aus. Sammlung/Repro: Blazek

53

Die Zeit nach dem Ersten Weltkrieg

Nachdem sich Anfang Januar 1919 die Gelegenheit zum gegenseitigen Kennenlernen ergeben hatte, wurde August Winnig (1878-1956), seit dem 14. November 1918 Generalbevollmächtigter des Reiches für die baltischen Lande und seit dem 30. Dezember 1918 außerordentlicher Gesandter bei den Republiken Estland und Lettland, am 23. Januar 1919 auf Vorschlag des Oberpräsidenten von Ostpreußen, Tortilowicz von Batocki (1868-1944), zum Reichs- und Staatskommissar für Ost- und Westpreußen und die besetzten, russischen Gebiete ernannt. Beiden gelang es, die Ordnung wiederherzustellen.[77] Die SPD trennte sich von Winnig, nachdem er im März 1920 als einziger preußischer Oberpräsident die Putschistenregierung Kapp-Lüttwitz anerkannt hatte und deshalb wenig später in den Ruhestand versetzt worden war.[78]

Die Pariser Konferenz, die am 18. Januar 1919 begann, mündete in eine Serie von Verträgen mit den einzelnen besiegten Mächten, den „Pariser Vorortverträgen“:[79]

Versailles mit dem Deutschen Reich	18.06.1919
Sèvres mit der Türkei	10.08.1919
St. Germain mit Österreich	10.09.1919
Neuilly mit Bulgarien	27.11.1919
Trianon mit Ungarn	04.06.1920
(Revision von Sèvres: Lausanne	24.07.1923)

32 Staaten nahmen an den Verhandlungen teil; ausschlaggebend waren jedoch die Verhandlungen der „Großen Vier“. Die besiegten Mittelmächte, Deutsches Reich, Österreich-Ungarn, Türkei und Bulgarien, wurden zu der Konferenz nicht zugelassen. Als Verhandlungsgrundlage galten Woodrow Wilsons (1856-1924) „14 Punkte“, die er am 8. Januar 1918 verkündet hatte. Doch sein Hauptanliegen, die Bildung des Völkerbundes, konnte er nur teilweise verwirklichen: Der

---

[77] Winnig, August, 400 Tage Ost-Preußen, Dresden 1927, S. 11-13; ders., Heimkehr, Hamburg 1935, S. 33.

[78] Winkler, Heinrich August, Von der Revolution zur Stabilisierung – Arbeiter und Arbeiterbewegung in der Weimarer Republik 1918 bis 1924, Berlin/Bonn 1984, S. 224.

[79] Blazek, Matthias, „Vor 80 Jahren, am 28. Juni 1919, wurde in Versailles ein ‚Pariser Vorortvertrag' mit dem Deutschen Reich abgeschlossen, der später als ‚Versailler Vertrag' in die Geschichte einging“, DF-Journal 0096/Juni 99, Fontainebleau 1999, S. 12-17. Daraus auch die folgenden Ausführungen.

Bund kam 1919 zwar zustande, aber nach Wilsons Wahlniederlage 1920 lehnte der US-Senat den Beitritt ab.

Demonstration in Berlin gegen den Versailler Vertrag. DF-Journal 0096/Juni 99, S. 13.

Als eines der Hauptprobleme für das östliche Europa ergab sich die Unvereinbarkeit der Schaffung möglichst reiner Nationalstaaten mit der in Jahrhunderten gewachsenen gemischten nationalen Siedlungsstruktur. So sind in fast alle neuen Nationalstaaten erhebliche nationale Minderheiten eingegliedert worden, zu deren Schutz sich die Staaten, allerdings häufig nur auf dem Papier, verpflichteten.

Kriegsschuldfrage. In Artikel 231 des Friedensvertrags von Versailles wurde das Deutsche Reich zum Urheber des Krieges erklärt. Alle Reparations- und Gebietsansprüche der Alliierten waren an die Anerkennung der deutschen Kriegsschuld geknüpft. Die Geschichtswissenschaft stellte später zwar die Gesamtverantwortung aller Kriegsmächte fest, allerdings in unterschiedlichem Maße.

Die Siegermächte hatten sich in den Pariser Friedensverträgen nicht zu einer Neuorientierung der Politik durchringen können. Enttäuscht wandten sich Wilson und die USA von diesem kleinlichen Europa ab, auch von ihrer eigenen Idee des Völkerbundes. Neun neue Staaten wurden gegründet: Jugoslawien, Ungarn, Tschechoslowakei, deutsches Rumpf-Österreich; Polen, Litauen, Lettland, Estland, Finnland. Machtpolitische Gedanken bestimmten die harten und demütigenden Artikel des am 28. Juni 1919 unterzeichneten Versailler Vertrages. Das alles war willkommener Zündstoff für jene, die nicht einsahen, dass der große Gang der Geschichte sich nicht an das Maßlose hält.

Durch Abtretungen und Volksabstimmungen ging ein Achtel des Reichsgebiets (knapp 14 Prozent) verloren, dazu der Kolonialbesitz. Ferner: Danzig wurde Freie Stadt, das Saargebiet kam unter Völkerbundsverwaltung, das Rheinland wurde besetzt (zeitlich befristet), es gab eine entmilitarisierte Zone im Westen, nur ein kleines Berufsheer durfte bestehen bleiben. Die Sachleistungen und Reparationszahlungen, über deren astronomische Höhe noch jahrelange Verhandlungen folgten, zerstörten das Wirtschaftsleben. Aber die Einheit und Souveränität des Reiches blieb erhalten. Am 11. August 1919 wurde die von der Nationalversammlung ausgearbeitete Reichsverfassung verkündet; die Reichsfarben waren schwarz-rot-gold.

Die deutschen Friedensunterhändler vor ihrer Abfahrt ins Hotel Trianon-Palace in Versailles, von links: Robert Leinert, Carl Melchior, Johann Giesberts, Ulrich Graf von Brockdorff-Rantzau, Otto Landsberg, Walther Schücking. Graf von Brockdorff-Rantzau, Reichsaußenminister von Februar bis Juni 1919, vertrat in Versailles den deutschen Anspruch auf einen Frieden aufgrund der 14 Punkte des amerikanischen Präsidenten. DF-Journal 0096/Juni 99, S. 14.

Am 28. Juni 1919 wurde der wichtigste der Pariser Vorortverträge zwischen dem Deutschen Reich und 26 alliierten und assoziierten Mächten, der den Ersten Weltkrieg beendete, unterzeichnet. Inhalt: 440 Artikel in 15 Teilen: I. Völkerbundssatzung; II. und III. Grenzregelungen und Landabtretungen, die nicht immer korrekt durchgeführt wurden: Elsass-Lothringen an Frankreich, Moresnet und Eupen-Malmedy an Belgien, fast ganz Westpreußen und Posen, Kreis Soldau und Ostoberschlesien an Polen; Danzig wurde „Freie Stadt"; Teile Ostpreußens (Memelland) kamen unter alliierte Verwaltung, später an Litauen; Nordschleswig an Dänemark, das Hultschiner Ländchen an die Tschechoslowakische Republik. Weiterhin wurde das Saargebiet abgetrennt und wirtschaftlich an Frankreich angeschlossen. Die Grenzziehungen nach dem Ersten Weltkrieg (Inkrafttreten am 10. Januar 1920) verschoben 1 000 000 Deutsche aus den abgetrennten Ostgebieten – in die 300 000 Polen einströmten – und wieder 200 000 Menschen im Balkanraum.

Nach der Friedenskonferenz in Versailles verlassen am 28. Juni 1919 der französische Ministerpräsident Georges Clemenceau, der amerikanische Präsident Wilson und der englische
Premierminister Lloyd George (von links) das Schlossgebäude. Digitale Sammlung Blazek

Die „Großen Vier" (von links): Lloyd George (Großbritannien), Vittorio Orlando (Italien),
Georges Clemenceau (Frankreich), Woodrow Wilson (USA). DF-Journal 0096/Juni 99, S. 15.
Digitale Sammlung Blazek

Der Versailler Vertrag war beispielsweise bedeutend für die im Entstehen be-
griffene Siedlung Großmoor bei Celle in Niedersachsen. Von den ersten Sied-
lern kamen ab 1919 insgesamt 18 Familien aus der ehemaligen Provinz Hannover, eine aus Brandenburg, eine aus Sachsen, eine aus Westfalen, eine aus Ba-
den, zwölf aus Posen, zehn aus Westpreußen, zwei aus Schlesien und eine aus
Böhmen. 24 Familien kamen also aus ostdeutschen Gebieten, die nach dem Ersten Weltkrieg abgetreten werden mussten. Als erste Siedler sind überliefert für

das Jahr 1919 Rudolf Janzen, Heinrich Meynberg, Wilhelm Breitrück, Fritz Webel, Karl Gänshirt (aus der Grenzmark Posen-Westpreußen), für 1920 August Panitz und Johann Stahl und für 1921 Gerhard Graeber, Heinrich Bierschwale, Otto Schulze I, Hermann Brinkmann, Hermann Barkau, Arnold Janzen, Ernst Lüters und Daniel Seewald.[80]

Konitz: Druck von 1920 mit der Pfarrkirche und dem ehemaligen Jesuitenkloster.
Repro: Blazek

„In Treue Dein": Postkarte vom Deutschen Tag in Elbing am 4. Juli 1920. Die Veranstaltung, die auch in der heutigen Zeit noch wiederholt wird, war ein großes Volksfest, an dem Menschen aus den Dörfern des Kreises Elbing in ihren Trachten auftraten. Repro: Blazek

Die für Danzig wesentlichen Bestimmungen umfassten die Artikel 100 bis 108 des Versailler Vertrags. Die Freie Stadt Danzig wurde am 15. November 1920 konstituiert. Unter den Schutz des Völkerbundes, der die Garantie der Verfas-

---

[80] Blazek, Matthias, „Großmoor wurde nach dem Ersten Weltkrieg besiedelt / Beginn 1915 mit drei Massivhäusern – Siedlerfamilien aus weiten Teilen des Deutschen Reiches", Sachsenspiegel 10, Cellesche Zeitung vom 9. März 2002.

sung übernahm und in Danzig durch den Hohen Kommissar vertreten war, wurde sie durch Beschluss des Völkerbundrats vom 17. November 1920 gestellt.[81]

Beim so genannten Polnischen Korridor handelte sich um einen Gebietsstreifen von 80 bis 100 Kilometer Breite (die Provinz Posen und Pommerellen), der ehemals zur Provinz Westpreußen gehört hatte und seit 1920 Polen als Zugang zum Meer diente. Er trennte Ostpreußen und Danzig zwischen den beiden Weltkriegen vom übrigen Deutschland. Die „Wiedergewinnung der polnischen Ostsee" wurde daher am 10. Februar 1920 in Putzig (*Puck*) feierlich durch die „Vermählung Polens mit dem Meer" („Zaslubiny Polski z morzem") zelebriert.[82]

Die um ihre Selbstbehauptung ringende bedrängte deutsche Bevölkerung in diesem „Korridor" musste Ausweisungen in Kauf nehmen. Etwa 600000 bis 800000 Deutsche verließen seit Ende 1918 das abgetrennte Gebiet oder wurden 1925 ausgewiesen. Bereits in den ersten Monaten polnischer Herrschaft wurden etwa 60000 Deutsche aus Posen und Pommerellen vertrieben.[83]

Der Versailler Vertrag beinhaltete außer Gebietsabtretungen eine Volksabstimmung, die am 11. Juli 1920 stattfand und in eindrucksvoller Weise den Wunsch der ost- und westpreußischen Bevölkerung zum Ausdruck brachte: Zugehörigkeit zum Deutschen Reich. Abstimmungsergebnis: 92,5 Prozent.

Soweit zum Versailler Vertrag.

Postkarte aus Marienburg, 1924. Repro: Blazek

---

[81] Böttcher, Hans Viktor, Die Freie Stadt Danzig: Wege und Umwege in die europäische Zukunft – Historischer Rückblick, staats- und völkerrechtliche Fragen, Bonn 1995, S. 89.
[82] Bartetzky, Arnold, Neue Staaten – neue Bilder? Visuelle Kultur im Dienst staatlicher Selbstdarstellung in Zentral- und Osteuropa seit 1918, Köln 2005, S. 33.
[83] Vgl. Schmidt, Axel, Gegen den Korridor: polnische Zeugnisse und Tatsachen, Berlin 1932, 47 S. 9363. Skiba, Pawel, Roszczenia niemieckie do Polskiego Pomorza, Gdynia 1932, Skiba, Pawel, Die deutschen Ansprüche auf das polnische Pommerellen (= deutsche Übersetzung), Udingen 1932.

Am 19. November 1925 wurde in Königsberg i. Pr. der Verein für Familienforschung in Ost- und Westpreußen gegründet. Nach dem Zweiten Weltkrieg wurde er in Hamburg aus zunächst kleinen Beständen wieder aufgebaut.

Undatierte Ansichtskarte von Elbing. Repro: Blazek

Die aus Königsberg (Ostpreußen) stammende Schriftstellerin Agnes Miegel (1879-1964), die wegen ihrer Haltung zum Nationalsozialismus nicht unkritisch gesehen wird – sie hatte sich bereits im Oktober 1933 in einer Unterschriftenaktion zu Adolf Hitler bekannt und war 1940 der NSDAP beigetreten, veröffentlichte 1926 im Eugen Diederichs Verlag Jena „Geschichten aus Alt-Preußen", zu denen u. a. die Novelle „Die Fahrt der sieben Ordensbrüder" zählte. Die Autorin gliederte in ihre große Erzählung Bilder aus den verschiedenen Entwicklungsphasen ihres Heimatvolkes ein.[84]

Die Sprengung der Weichselbrücken

Wenige Tage vor Ausbruch des Zweiten Weltkriegs (1939-1945) sollte ein Sonderkommando der deutschen Wehrmacht im Handstreich die Weichselbrücken bei Dirschau einnehmen. Das Unternehmen misslang.

„Bei allen einleitenden Angriffsmaßnahmen gegen Polen steht die Wahrung der Überraschung für die Inbesitznahme der Weichselbrücken im Vordergrund", erläuterte das Oberkommando der Wehrmacht mit Schreiben vom 9. August 1939 den Chefs der Generalstäbe der drei Wehrmachtsteile die schon Ende Juli

---

[84] Agnes Miegel erhielt 1962 als Schlusslicht zahlreicher Ehrungen den Kulturpreis der Landsmannschaft Westpreußen. Vgl. Kopp, Marianne, „Annette von Droste-Hülshoff und Agnes Miegel – Ihre Erzählungen ‚Die Judenbuche' und ‚Die Fahrt der sieben Ordensbrüder'", in: Landsmannschaft Westpreußen (Hrsg.), Westpreußen-Jahrbuch, Münster 1996, S. 87-104.

getroffenen Einzelentscheidungen des „Führers" und Obersten Befehlshabers der Wehrmacht zum „Fall Weiß".[85] Die Inbesitznahme der Eisenbahn- und Straßenbrücke über die Weichsel bei Dirschau scheiterte aber an der Wachsamkeit des polnischen Militärs. Dessen Pioniere konnten dieses strategisch wichtige Objekt rechtzeitig am 1. September 1939 zerstören.[86]

Am Morgen des 1. September 1939 eröffnete die am Vorabend in Danzig eingelaufene „Schleswig-Holstein", ein zum Kadetten-Schulschiff umgebautes Linienschiff, das Feuer auf das Munitionsdepot der polnische Enklave Westerplatte am Ausgang des Danziger Hafens. Damit begann der Zweite Weltkrieg, der schließlich mit der totalen Niederlage und mehrfachen Aufteilung Deutschlands und dem Verlust Ostdeutschlands enden sollte.[87]

Ansicht der Marienburg von 1936. Postkarte Sammlung Blazek

Nach dem Überfall auf Polen wurde 1939 der Reichsgau Danzig-Westpreußen mit der Gauhauptstadt Danzig gebildet. Gauleiter und Reichsstatthalter wurde Albert Forster.[88]

---

[85] Bundesarchiv-Militärarchiv, III M 155/8, Bl. 70: OKW WFA Nr. 112/39 g.K.Chefs. L I vom 9. August 1939, betr. Führerentscheidung bzgl. „Fall Weiß".
[86] Ausführlich: Schindler, Herbert, Mosty und Dirschau 1939, Einzelschriften zur militärischen Geschichte des Zweiten Weltkrieges, 2., veränderte Auflage, Freiburg im Breisgau 1979, S. 101-158.
[87] Stjernfeld, Bertil; Böhme, Klaus-Richard, Westerplatte 1939, Freiburg 1979.
[88] Albert Maria Forster (1902-1952), jüngstes von sechs Kindern eines Gefängniswärters aus Fürth, war von 1930 bis 1945 Gauleiter der NSDAP in Danzig und ab 1939 dortiger Reichsstatthalter. Forster übernahm am 1. November 1939 die sechs Kreise Elbing-Stadt und -Land, Marienburg, Stuhm, Marienwerder und Rosenberg von dem ostpreußischen Oberpräsidenten und Gauleiter Erich Koch (1896-1986) in einer Feierstunde in der Marienburg in den neuen Reichsgau Danzig-Westpreußen. (Michaelis, Herbert; Schraepler, Ernst (Hrsg.), Ursachen und Folgen vom deutschen Zusammenbruch 1918 und 1945 bis zur staatlichen Neuordnung Deutschlands in der Gegenwart – Eine Urkunden- und Dokumentensammlung zur Zeitgeschichte, Bd. 23, Berlin o. J., S. 87.

37 Kilometer östlich von Danzig bei Stutthof im Landkreis Danziger Niederung auf dem Gebiet der annektierten Freien Stadt Danzig errichteten die Nationalsozialisten ab dem 1. September 1939 ein Zivilgefangenenlager. Am 1. Oktober 1941 wurde der Status des Lagers geändert, als Sonderlager Stutthof unterstand es fortan der Danziger Gestapo. Am 29. Januar 1942 erhielt Stutthof als Konzentrationslager der Stufe I den Status, den es bis Kriegsende behalten sollte. Ende November 1944 wurden 500 Häftlinge aus dem Konzentrationslager Stutthof in das Dresdener Außenlager, Schandauerstraße 68, überstellt. Ende April 1945 wurden die in Stutthof verbliebenen KZ-Häftlinge auf dem Seeweg „evakuiert".[89]

Undatierte Ansichtskarte von Elbing. Repro: Blazek

Außenlager des Konzentrationslagers Stutthof wurden 1940 und 1944 in Thorn (*Toruń*) errichtet. Insgesamt gehörten zum Konzentrationslager Stutthof 39 Außenstellen. Die größten befanden sich in Thorn und Elbing. Insgesamt waren 110000 Häftlinge in Stutthof inhaftiert. Das Konzentrationslager Stutthof bestand vom 2. September 1939 bis zum 9. Mai 1945 und war damit das am längsten betriebene Konzentrationslager außerhalb Deutschlands.[90]

Am 4. Juni 1957 verurteilte das Schwurgericht am Landgericht Bochum den ehemaligen Kommandanten des Konzentrationslagers Stutthof, SS-Sturmbannführer Paul-Werner Hoppe (1910-1974), wegen Beihilfe zum Mord zu einer Zuchthausstrafe von neun Jahren.[91]

---

[89] Grabowska, Janina, Stutthof – Ein Konzentrationslager vor den Toren Danzigs, Bremen 1995.
[90] „65. Jahrestag der Befreiung des Konzentrationslagers Stutthof", http://www.danzig.diplo.de/Vertretung/danzig/de/stutthof2010__seite__dt.html
[91] Aktenzeichen 17 Ks 1/55. Entnommen aus: Redaktion Kritische Justiz (Hrsg.), Die juristische Aufarbeitung des Unrechts-Staats, Baden-Baden 1998, S. 55561.

1939 begann die Vertreibung Hunderttausender von Polen aus Oberschlesien und Westpreußen nach Osten. Hier wurden einige hunderttausend Volksdeutsche angesiedelt, die aus dem Baltikum, Wolhynien, Galizien, Bessarabien, der Bukowina und anderen Siedlungsgebieten „heim ins Reich" geholt worden waren.[92]

Hochmeisterportal Brücktor der Marienburg im Jahre 1940. Postkarte Sammlung Blazek

Kriegszeiten: Br. Muszynski, Adolf-Hitler-Straße 30 in Czersk, einem etwa 40 Kilometer südlich von Warschau in Masowien liegenden kleinen Dorf von knapp 600 Einwohnern, bestellte bei der Musikwarenfirma I. A. Pfretzschner in Markneukirchen i. Sa. am 10. Oktober 1943 eine Mundharmonika. Postkarte Sammlung Blazek

---

[92] Franck, Dieter, Jahre unseres Lebens 1945-1949, Zürich 1980, S. 50.

63

HERZLICHEN GLÜCKWUNSCH
ZUM NAMENSTAGE

Dieser Glückwunsch zum Namenstag war per Feldpost aus Marienwerder vom 16. August 1940 vom Soldaten Heinrich Schießberg jun. seiner Ehefrau in Sötenich in der Eifel geschickt worden: „Herzlichen Glückwunsch zum Namenstage wünscht Dir dein Mann! Frine nicht zurück? Nur schade das ich an dem schönen Tag nicht teilnehmen kann! Ich werde noch was länger hierbleiben voraussichtlich 1 Woche, kannst mir solange schreiben, bis ich dir Bescheid dann schreibe. Nur dazuschreiben: Nachkommando! Nochmals Herzliche Glückwünsche den Frines."

Ansicht der Marienburg von 1943. Postkarte Sammlung Blazek

Im Januar 1945 begann die sowjetische Winteroffensive gegen Ostpreußen, Westpreußen, Danzig und Pommern. Die Russen rückten nun an der ganzen Ostfront über die Reichsgrenzen vor. Ende Januar 1945 wurden der Nordteil Westpreußens mit Danzig und der Halbinsel Hela sowie Ostpommern zum Auffangbecken und Durchmarschraum für die Flüchtlinge aus Ostpreußen und den westpolnischen Gebieten.

Die russische Offensive hatte am 12. Januar vom in der Nähe von Warschau liegenden Baranow-Brückenkopf ihren Ausgangspunkt und erreichte am 23. Januar den Weichselbogen bei Thorn und Bromberg. Ein Teil der russischen Armeen ging von dort auf der Netzelinie auf die Oder zu vor, um möglichst schnell Berlin zu erreichen, ein anderer Teil sollte die in Ostpreußen stehenden Wehrmachtseinheiten abschneiden und stieß dazu in nördlicher Richtung vor. Schon am 26. Januar standen russische Panzer in Elbing. Weitere Teilkräfte erreichten zur gleichen Zeit Tolkemit am Frischen Haff.

Graudenz (*Grudziądz*) wurde nebst einigen Dörfern von den Truppen der 2. Weißrussischen Front der Roten Armee unter Generaloberst Konstantin Konstantinowitsch Rokossowski (1896-1968) eingeschlossen. Die Stadt Graudenz wurde am 9. Februar 1945 zur Festung erklärt und eine „Festungskommandantur" eingerichtet. Am 18. Februar wurde der Kessel Graudenz geschlossen.

Am 5. März 1945 gab es den letzten Aufruf des Festungskommandanten von Graudenz und Kommandeur der 152. Division, Generalmajor Ludwig Fricke (1893-1967): Getreu dem Fahneneid sollte bis zum letzten Blutstropfen für Führer und Vaterland gekämpft werden. Die etwa 9000 Mann umfassenden Verteidiger kapitulierten nach schweren Kämpfen am 5. März 1945. In Graudenz wurde tags darauf Waffenruhe verkündet.

An diesem Tag flog der kommandierende General Fricke nach Moskau. Im Flugzeug schrieb er einen Artikel für das Nationalkomitee Freies Deutschland (sowjetisch beeinflusster Bund deutscher Offiziere) und forderte die Kapitulation Deutschlands. Ausbruchsversuche aus Graudenz waren ausdrücklich gestattet.[93]

Im Zuge der Kampfhandlungen während der Belagerung war die Stadt zu etwa 60 Prozent zerstört worden. Graudenz wurde nun wieder ein Bestandteil des polnischen Staates, die deutsche Bevölkerung wurde – soweit sie noch nicht geflohen war – vertrieben. Auf sowjetischer Seite hatten meist Sibirier, Kosaken und Ukrainer gekämpft.[94]

---

[93] Bechler, Bernhard, Die Lehren von Graudenz – Bericht über meine Tätigkeit am Kessel von Graudenz vom 20. Februar bis 6. März 1945, Freies Deutschland, 13-28.3.45-3. Vgl. Gernert, Heinz, Graudenz 1945 – Das Ringen um die Festung an der Weichsel – Erinnerungen des Autors an die Abwehrschlacht, Der Landser – Erlebnisberichte zur Geschichte des Zweiten Weltkrieges, Rastatt 1997.

[94] Vgl. Magenheimer, Heinz, „Die Rote Armee überrennt Ostdeutschland – Im Zuge der größten Offensive aller Zeiten belagerten die Sowjettruppen vor 60 Jahren Königsberg", Preußische Allgemeine Zeitung vom 2. April 2005.

Die Katastrophe der „Wilhelm Gustloff"

Das frühere Kreuzfahrtschiff „Wilhelm Gustloff", der Kriegsmarine am 22. September 1939 als Lazarettschiff übergeben, legte am 30. Januar 1945 mit schätzungsweise über 10000 Menschen an Bord in Gotenhafen (*Gdynia*) ab. Es sollte seine letzte Fahrt sein. Der sowjetische U-Boot-Kommandant Alexander Marinesko (1913-1963) ließ das Schiff vor der Küste des pommerschen Stolpmünde (*Ustka*) mit drei Torpedos versenken. Mehr als 9000 Flüchtlinge aus Danzig, fast ausnahmslos Frauen und Kinder, kamen in den eisigen Fluten um, 1252 wurden von Begleitschiffen gerettet.

Der Einmarsch der Roten Armee in Danzig erfolgte am frühen Morgen des 27. März 1945. Das historische Stadtzentrum lag zu dem Zeitpunkt zu 90 Prozent in Schutt und Asche.

Am 17. Juli 1945 trafen sich der Präsident der Vereinigten Staaten von Amerika, Harry S. Truman, der Vorsitzende des Rates der Volkskommissare der Union der Sozialistischen Sowjetrepubliken, Generalissimus Josef Wissarionowitsch Stalin, und der Premierminister Großbritanniens, Winston S. Churchill, sowie der Prime Minister von Großbritannien Clement R. Attlee (1883-1967) auf der von den drei Mächten beschickten Berliner Konferenz.[95]

Die Konferenz in Potsdam sollte ein Programm zur Behandlung Deutschlands nach der bedingungslosen Kapitulation bringen. Mit dem Potsdamer Abkommen vom 2. August 1945 wurde langfristig die rechtliche Grundlage für die Behandlung Deutschlands durch die Alliierten geschaffen. Auf der Konferenz der Alliierten in Potsdam spielte die Direktive JCS 1067/6 eine wichtige Rolle. Diese war in erster Fassung im September 1944 entstanden und wurde in endgültiger Form (JCS 1067/6) am 11. Mai 1945 von Präsident Truman unterzeichnet.

Die Konferenz von Potsdam übergab Danzig den Polen zur „Verwaltung", die es mit Bedacht aufbauten.

Nach dem Zweiten Weltkrieg kamen alle Teile Westpreußens unter polnische Verwaltung. Schon kurze Zeit nach dem Beginn der russischen Winteroffensive im Januar 1945 hatten große Teile der Bevölkerung Westpreußen verlassen, um mit ihrer Flucht den Schrecken der Kriegshandlungen zu entgehen. Bei Kriegsende wurde fast das gesamte Gebiet Westpreußens von sowjetischen Truppen erobert und unter polnische Verwaltung gestellt. Die polnische Regierung ließ fast die gesamte deutschsprachige Bevölkerung, die nur noch aus Zurückgebliebenen und von der Flucht nach Einholung durch die Russen Zurückgeschickten bestand, unter erzwungener nahezu vollständiger Zurücklassung des gesamten mobilen und immobilen Besitzes vertreiben. Der Einmarsch der Russen selber war von Ausschreitungen sowjetischer Soldaten und Polen an der deutschen Zivilbevölkerung begleitet (Vergewaltigungen, Raubmorde).

---

[95] Amtliche Verlautbarung über die Konferenz von Potsdam, Potsdam, 2. August 1945, abgedruckt in: Sündermann, Helmut, Potsdam 1945 – Ein kritischer Bericht, mit den Protokollen der 13 Sitzungen, in denen über Deutschland und Osteuropa entschieden wurde, Leonie am Starnberger See 1962, S. 410.

Die deutsche Bevölkerung hat die Heimat in der festen Überzeugung verlassen, in absehbarer Zeit zurückkehren zu können. Zumindest gilt das für die Landbevölkerung. Der Rückkehrwille hat auch lange Zeit in weiten Kreisen der Bauern und Gutsbesitzer bestanden, obwohl man genau wusste, dass es in ganz andere Verhältnisse gehen würde. Am wenigsten hatte sich die Einstellung der alten Gutsarbeiter geändert.[96]

Der eiskalte Winter Anfang 1945 forderte viele Opfer. Vielen Alten und Kranken gelang die Flucht nicht. Die Stadt Marienwerder wurde erst nach den Kampfhandlungen geplündert oder zerstört. Dom und Schloss erlitten nur einige Schäden.[97]

Gleich nach dem Ende des Zweiten Weltkriegs gab es noch in der neu entstandenen Woiwodschaft Gdańsk (Danzig), deren Gebiet sich ungefähr mit dem Gebiet der heutigen Woiwodschaft Pomorskie (Pommern) deckt, rund 500 000 Deutsche, die ausgesiedelt werden sollten. Ihre Aussiedlung war für die polnische Regierung ein notwendiger Schritt zur Polonisierung der übernommenen deutschen Gebiete, die etwa 60 Prozent dieser Woiwodschaft bildeten. Zu dieser Zahl muss man auch einige hunderttausend Einwohner zählen, die 1941-1943 durch Unterzeichnung der Deutschen Volksliste die deutsche Staatsangehörigkeit angenommen hatten.[98]

Die Vertreibung der Deutschen aus Westpreußen dauerte grundsätzlich bis 1950. Zwischen 1944 und 1950 bildeten Deutsche in polnischen Lagern einen eigenen Teil der deutschen Geschichte. Zivilisten, die beim Vormarsch der Roten Armee nicht geflohen waren, weil sie Ostpreußen, Pommern und Oberschlesien als ihre Heimat ansahen, galten im Nachkriegs-Polen als feindliche Elemente. Sie zahlten mit Entzug des Eigentums, Internierung und Zwangsarbeit. Nach einer Schätzung des Bundesarchivs Koblenz leisteten nach dem Krieg rund 200 000 Deutsche in polnischen Lagern Zwangsarbeit.[99]

In dem Gefängnis der früheren Festung Graudenz, das seit den letzten Kriegsmonaten zunächst als Sammellager für deutsche Flüchtlinge und Kriegsgefangene diente, wurde im November 1945 vorübergehend ein Internierungslager eingerichtet. Die Zahl der Durchgänge bis zu seiner Auflösung im Februar 1946 wird auf 5000 Männer und Frauen geschätzt.[100]

Die landsmannschaftliche Vereinigung der deutschen Danziger, der „Bund der Danziger e.V.", wurde am 25. März 1946 durch eine zehnköpfige Gründerversammlung mit Sitz in Lübeck gegründet. Zunächst wurde sein Wirken durch die damalige britische Besatzungsbehörde versagt, im Juli 1948 aber genehmigt. In

---

[96] Zit. n. Rosen, Hans Freiherr v., Bilanz – Das deutsche Gut in Posen und Pommerellen, Hameln 1972, S. 179.

[97] Boyens-Heym, Ursel, „Marienwerder", in: Krüger, Wilhelm (Bearb.), Stadt und Kreis Marienwerder/Westpreußen – Ein Bildband mit Motiven bis zum Jahre 1945, hrsg. vom Heimatkreis Marienwerder, Braunschweig 1993, S. 9 f.

[98] http://www.dfk-danzig.de.

[99] Hirsch, Helga, Die Rache der Opfer: Deutsche in polnischen Lagern 1944-1950, Berlin 1998.

[100] Fricke, Karl Wilhelm, Politik und Justiz in der DDR, Köln 1979, S. 76.

der Anfangszeit ging es hauptsächlich darum, den aus ihrem Danziger Heimatgebiet am Ende des Zweiten Weltkriegs geflüchteten und vertriebenen deutschen Danzigern Rat und Beistand zu gewähren und die Familienzusammenführung zu fördern.[101]

Als die Alliierten 1947 den preußischen Staat auch formell auflösten, gab es die Provinz Westpreußen schon 27 Jahre nicht mehr.[102]

Nach der Vertreibung aus der Heimat und der völkerrechtswidrigen Ansiedlung einer Besatzungsbevölkerung durch Polen hatten sich die legitimen Einwohner des früheren, 1942 aufgelösten Regierungsbezirks Danzig in rechtmäßigen und demokratisch legitimierten Verfahren eigene Vertretungen, die so genannten Heimatkreisvertretungen, gegeben. Die Heimatkreise Elbing-Land, Marienburg, Stuhm, Marienwerder, Rosenberg und Elbing-Stadt hatten nach der Gründung der Landsmannschaft Ostpreußen am 3. Oktober 1948 innerhalb der Landsmannschaft Ostpreußen gewirkt, schlossen sich aber wie selbstverständlich der Landsmannschaft Westpreußen mit deren Gründung am 6. April 1949 an.[103]

Im Jahre 1950 lebten 225000 Deutsche aus der Freien Stadt Danzig in der Bundesrepublik Deutschland. Die Zahl der Danziger in der Sowjetischen Besatzungszone stand 1953 noch nicht fest. 1940 lebten 1,5 Millionen Deutsche im Reichsgau Danzig-Westpreußen, 1950 aber 900000 Menschen aus dem Reichsgau Danzig-Westpreußen in der Bundesrepublik Deutschland und in der Sowjetzone.[104]

Im Bereich der Woiwodschaft Danzig lebten 1950 nur 28,2 Prozent der Bevölkerung aus Industrie, Bauwesen und Handwerk gegenüber 32,7 Prozent nach dem Stand von 1939 im Regierungsbezirk Westpreußen.[105]

Am 3. Mai 1981 fand auf Initiative der Solidarność auf dem Marktplatz von Starogard Gdański eine „Messe für das Vaterland" statt, an welcher etwa 15000 Menschen teilnahmen.

Am 1. September 1989 wurden die in einer großartigen bundesdeutschen Spendenaktion gestifteten 37 Glocken für die Danziger St.-Katharinen-Kirche eingeweiht. In den Wochen zuvor konnten Besucher der Kirche alle einzelnen Glocken begutachten, die allesamt die jeweiligen Stifter namentlich erwähnen. Das Bundespräsidialamt in Bonn fand angemessene Worte: „Den Verdienten für Danzigs Schönheit – Der Präsident der BR Deutschland – Richard von Weizsäcker" und darunter entsprechend auf Polnisch: „Zym, ktorzy przyczynili się, do

---

[101] www.danzig-online.de/bund.html.
[102] Gesetz Nr. 46 über die „Auflösung des Staates Preußen" vom 25.02.1947, in: Amtsblatt des Kontrollrats in Deutschland, Nr. 14 vom 31.03.1947, S. 81.
[103] Gabriel, M., „Elbing und Marienburg liegen in Westpreußen", in: ?? [Buchbeitrag], S. 9.
[104] Kurth, Karl O., Handbuch der Presse der Heimatvertriebenen, Göttingen 1953, S. 55.
[105] Bahr, Ernst, Das nördliche Westpreußen und Danzig nach 1945, Frankfurt/Main 1960, S. 25.

68

świetności Gdańska." Der Senat der Freien Hansestadt Bremen hat auch eine Glocke gestiftet: „Bremen und Gdansk – Für Frieden und Verständigung".[106]

Das Carillon (Turm-Glockenspiel) in der St.-Katharinen-Kirche wurde bereits im 17. Jahrhundert installiert. Es bestand aus 32 Glocken. Im Jahre 1944 wurde es von den Nazis demontiert und in die Gegend von Lübeck transportiert, wo es eingeschmolzen werden sollte. Die Offensive der Alliierten rettete die Glocken vor der Zerstörung, aber die St.-Katharinen-Kirche wurde vollkommen vernichtet. Bevor die Kirche wieder ausgebaut werden konnte, wurden die Glocken in der Marienkirche in Lübeck aufgehängt.

Danzigs Ortsteil Wrzeszcz (ehemals Langfuhr) in sozialistischen Zeiten. Hier entstand 1910 das erste Danziger Flugfeld für das Militär. Zu sehen sind neben einer allgemeinen Ansicht die Medizinische Akademie, die Grunwaldstraße und die Technische Universität Gdańsk.

Weitere Ansicht aus Danzig in sozialistischen Zeiten. Postkarten Sammlung Blazek (2)

---

[106] Welder, Michael, Reise nach Danzig – Auf Spurensuche in Westpreußen zur „Königin der Ostsee", Leer 1989, S. 9.

Ansicht aus Danzig in sozialistischen Zeiten. Postkarte Sammlung Blazek

Im deutsch-polnischen Grenzvertrag vom 14. November 1990 wurde der Grenzverlauf an Oder und Neiße nach Jahren politischen und juristischen Ringens endgültig und völkerrechtlich verbindlich besiegelt. Seit dem 8. April 1991 besteht keine Visumspflicht mehr zwischen beiden Staaten. Das unter polnischer Verwaltung stehende Westpreußen wurde auf diesem Wege ganz dem polnischen Staat zugesprochen.[107]

Die Aushandlung des Warschauer Vertrags 1970 ging einher mit der Idee eines neuen Europa. Dieses am 7. Dezember 1970 unterzeichnete Dokument (BGBl. 1972, II S. 361) und der berühmte Kniefall von Bundeskanzler Willy Brandt (1913-1992) vor dem Warschauer Mahnmal im früheren Ghetto gingen in die Geschichte als westlicher Schritt zur Normalisierung der deutsch-polnischen Beziehungen ein. Jetzt wurde die Regelung der Grenzfrage noch mehr in den Vordergrund gerückt als im Moskauer Vertrag vom 12. August 1970 (BGBl. 1972, II S. 353). In Artikel I „stellten" die Bundesregierung und die Volksrepublik Polen „übereinstimmend fest, daß die bestehende Grenzlinie, deren Verlauf im Kapitel IX des Potsdamer Abkommens von der Ostsee unmittelbar westlich von Swinemünde und von dort die Oder entlang bis zur Einmündung der Lausitzer Neiße und die Lausitzer Neiße entlang bis zur Grenze mit der Tschechoslowakei festgelegt worden ist, die westliche Staatsgrenze der Volksrepublik Polen bildet". Und in Artikel II: „Sie bekräftigen die Unverletzlichkeit ihrer bestehenden Grenzen jetzt und in der Zukunft ..."

Die beiden Ostverträge von 1970 regelten Staatsangehörigkeitsfragen nicht. Denjenigen, die vor Inkrafttreten der Verträge die deutsche Staatsangehörigkeit besaßen, stand sie laut einem Urteil des Bundesverfassungsgerichts weiterhin zu.

---

[107] Vgl. Deutschland Archiv, Jg. 25, Köln 1992, S. 361.

Im Zwei-plus-Vier-Vertrag vom 12. September 1990 (BGBl. II S. 1318), dem Kernstück eines Vertragsgeflechts des vereinten Deutschland mit den Vier Mächten, Polen und der EG, wurden die Ostgrenze Deutschlands und Westgrenze Polens „unverrückbar und auf ewige Zeiten" festgelegt. Mit dem deutsch-polnischen Grenzvertrag wurde am 14. November 1990 die Oder-Neiße-Linie als Grenzverlauf zwischen beiden Staaten bekräftigt.

„Der neue Zusammenschluss Europas", schreibt Buchautor Heinz Csallner in Frankfurt am Main im Jahre 2002, „lässt hoffen, dass alle Grenzen ohne Probleme überschritten werden können, und wenn Polen der EU beigetreten ist, wird damit auch Westpreußen näher an Westeuropa heranrücken. Es kann langfristig nur ein friedliches Nebeneinander von gleichwertigen Völkern geben."[108]

1997 wurde die mittelalterliche Altstadt von Toruń von der UNESCO zum Weltkulturerbe erklärt.[109]

Im Jahre 2001 stellte das Westpreußische Landesmuseum Münster anhand von Plänen, Fotografien und Objekten die touristische Entwicklung des attraktiven „Reiselandes" Westpreußen vor. Im Stadtarchiv Celle zeigte es die Ausstellung „Reiseland Westpreußen. Einst und jetzt".[110]

Ehemalige Dorfschule in Damerau, 2001. Foto: Herrmann

Sintflutartige Regenfälle vom 9. Juli 2001 hinterließen in Danzig und Umgebung ein Chaos. In der „Celleschen Zeitung" vom 13. Juli 2001 verlautete: „Schaden beträgt 120 Millionen Mark / WARSCHAU. Zwei Tage nach den verheerenden Regenstürmen in der nordpolnischen Stadt Danzig beläuft sich die vorläufige Schadensbilanz auf knapp 120 Millionen Mark. Bei den sintflutartigen Regenfällen waren am Dienstag vier Menschen ums Leben gekommen, hunderte Gebäude wurden überflutet, in den Straßen der Hafenstadt staute sich

---

[108] Csallner, Heinz, Bilder aus Westpreußen, Frankfurt am Main 2002, S. 7.
[109] http://whc.unesco.org/en/list/835.
[110] Cellesche Zeitung vom 11. Mai 2001.

71

das Wasser. Wegen der katastrophalen Wetterbedingungen musste nicht nur der Flughafen geschlossen werden, auch der Bahnverkehr und der innerstädtische Straßenbahn- und Busverkehr brachen vorübergehend zusammen. Gestern hatte sich die Lage nach Aufräumarbeiten weiter normalisiert."

Im Juni 2007 fand in Hamburg eine Tagung der Historischen Kommission für ost- und westpreußische Landesforschung statt.[111]

Plattenbauten in Raikau (*Rajkowy*) bei Pelplin, 2. April 2007. Foto: Andreas Miler

Die ehemals westpreußische Stadt Gdynia (deutsch Gdingen) gelangte im Jahr 2011 in die Schlagzeilen. Zwei 39 Jahre alte Männer aus der nordpolnischen Hafenstadt wurden im Herbst 2011 als mutmaßliche Erpresser des Möbelhauses Ikea ermittelt und festgenommen. Die Festnahme erfolgte in der Woiwodschaft Kujawien-Pommern (*województwo kujawsko-pomorskie*). Sie sollen von Mai bis September auch Sprengkörper in Filialen des Möbelhauses in Lille (Frankreich), Gent (Belgien) und Eindhoven (Niederlande) gezündet haben. In der Dresdner Ikea-Filiale hatten zwei Kunden ein Knalltrauma erlitten, als am 10. Juni des Jahres in der Küchenabteilung ein Sprengsatz explodiert war. Die Dresdner Staatsanwaltschaft wollte das weitere Verfahren an die polnischen Kollegen in Wrocław abtreten.[112]

Westpreußen war bis 1920 ein Teil Deutschlands. Dann kamen einzelne Gebiete zu Polen oder gehörten zur selbstständigen Freien Stadt Danzig. Heute ist das ehemalige Westpreußen polnisches Staatsgebiet. Damals wie heute besuchen viele Touristen das Land der Burgen und Kirchen. Eine große Zahl der ausländischen Besucher stammt aus Deutschland.

---

[111] Mitteilungsblatt des Vereins für Familienforschung in Ost- und Westpreußen, Nr. 64/31. März 2008, S. 15. Die Historische Kommission für ost- und westpreußische Landesforschung wurde im Jahr 1923 in Königsberg i. Pr. gegründet.

[112] Zur Festnahme siehe www.bz-berlin.de vom 7. Oktober 2011, 23:42.

Die größten Städte Westpreußens sind heute in etwa dieselben wie zur Zeit des Reichsgaus Danzig-Westpreußen (1939-1945); lediglich Zoppot (*Sopot*) stagnierte in seiner Entwicklung. Thorn (*Toruń*) legte einwohnermäßig deutlich stärker zu als Elbing (*Elbląg*). Besonders auffällig ist der große Einwohneranstieg bei den Städten Pr. Stargard (*Starogard Gdański*) und Neustadt (*Wejherowo*). Nach der Einwohnerfortschreibung vom 31. Dezember 2010 sind dies die größten Städte auf dem früher westpreußischen Gebiet:

Danzig: 456962 Einwohner (1939 258800 Einwohner)
Bydgoszcz: 356177 Einwohner (1937 133000 Einwohner)
Gdynia: 247324 Einwohner (1939 120000 Einwohner)
Toruń: 205312 Einwohner (1943 78224 Einwohner)
Elbląg: 126049 Einwohner (1939 85952 Einwohner)
Grudziądz: 98757 Einwohner (1943 55336 Einwohner)
Tczew: 60152 Einwohner (1943 25869 Einwohner)
Starogard Gdański: 48185 Einwohner (1943 17895 Einwohner)
Wejherowo: 47794 Einwohner (1943 16490 Einwohner)

Wer sich für die Landesgeschichte interessiert oder Spuren seiner Ahnen sucht, mag die Kirchenbücher zu Hilfe nehmen. Große Bestände an Kirchenbüchern sind bei Kriegsende mitgenommen worden. Die evangelischen Kirchenbücher lagern zentral im Evangelischen Zentralarchiv in Berlin, die katholischen Kirchenbücher im Bischöflichen Zentralarchiv in Regensburg. Beide Archive sind der privaten Forschung zugänglich. Das Geheime Staatsarchiv Preußischer Kulturbesitz in Berlin als das zentrale Archiv des preußischen Staates enthält eine Fülle von Beständen zu Ost- und Westpreußen.

Die Oberpräsidenten 1815-1945

Der Oberpräsident und der Landesdirektor nebst dem Provinziallandtag und Provinzialausschüsse hatten ihren Sitz in der Zeit von 1878 bis 1918 in Danzig.[113] Dem Oberpräsidenten unterstanden das Medizinalkollegium, das Provinzialschulkollegium, die Provinzialsteuerdirektion mit den zwei Hauptzollämtern und vier Hauptsteuerämtern und die Regierung. Ferner unterlagen der Provinzialverwaltung der Straßenbau, das Taubstummen- und Hebammenlehrinstitut, die Provinzialirren- und die Besserungsanstalten, das Landeskrankenhaus, die Provinzialhilfskasse und der Meliorationsfonds.

Mit Gründung der Republik Polen und der (erneut) Freien Stadt Danzig wurde das Oberpräsidium 1919 aufgelöst.

1815-1842 Theodor von Schön (1773-1856), Schwiegersohn seines Vorgängers Hans Jakob von Auerswald (1757-1833), der ab 1814 nur noch Oberpräsident von Ostpreußen war

1842-1848 Carl Wilhelm von Bötticher (1791-1868)

1848-1849 Rudolf von Auerswald (1795-1866)

1849-1850 Eduard Heinrich von Flottwell (1786-1865)

1850-1869 Franz August Eichmann (1793-1879)

1869-1878 Karl Wilhelm von Horn (1807-1889)

1878-1879 Heinrich Karl Julius von Achenbach (1829-1899)

1879-1888 Karl Adolf August Ernst von Ernsthausen (1827-1894)

1888-1891 Adolf Hilmar von Leipziger (1825-1891)

1891-1902 Gustav Heinrich Konrad von Goßler (1838-1902)

1902-1905 Clemens von Delbrück (1856-1921)

1905-1919 Ernst Ludwig von Jagow (1853-1930)

1919-1920 August Winnig (1878-1956), Reichskommissar für Ost- und Westpreußen

1920-1932 Ernst Siehr (1869-1945), Oberpräsident der preußischen Provinz Ostpreußen

1922-1933 Friedrich von Bülow (1868-1936), Provinz Grenzmark Posen-Westpreußen

1933-1934 Hans von Meibom (1879-1960), Provinz Grenzmark Posen-Westpreußen

1935-1936 Wilhelm Kube (1887-1943), Provinz Grenzmark Posen-Westpreußen

1936-1938 Emil Stürtz (1892-1945), Provinz Grenzmark Posen-Westpreußen

Literatur:

Heinz Neumeyer: Westpreußen – Geschichte und Schicksal, München 1993, S. 377
Reinhard Hauf: Die Oberpräsidenten von Ost- und Westpreußen 1871-1918, in: Klaus Schwabe (Hrsg.): Die preußischen Oberpräsidenten 1815-1945, Boppard am Rhein 1985, S. 105

---

[113] Ruhnau, Rüdiger, Danzig – Geschichte einer deutschen Stadt, Würzburg 1971, S. 69.

74

Erinnerungen an Westpreußen

Erinnerungen von Helene Steiniger

Eine Zeitzeugin ist Helene Steiniger, die am 30. Mai 1918 in Langfelde, einem 170-Seelen-Dorf (1900) im Kreis Danziger Niederung, das Licht der Welt erblickte. Sie hatte im Zwölf-Personen-Haushalt ihres Vaters, August Schrock, gelebt. Neben den Eltern lebten in der Mietwohnung, die sich auf den Ländereien eines Bauern befand, bei dem der Vater arbeitete, sieben Brüder und drei Schwestern. Ein weiteres Kind war bereits bei der Geburt gestorben, ein weiteres im Alter von einem Jahr. 27 Jahre lang genoss Helene Steiniger das westpreußische Landleben. „Das war gut. Da waren die Nachbarn besser als hier", erinnert sie sich.

Der Kreis Danziger Niederung war von 1873 bis 1920 ein Landkreis im Regierungsbezirk Danzig der preußischen Provinz Westpreußen. Von 1920 bis 1939 bestand er als Landkreis Danziger Niederung in der Freien Stadt Danzig fort. 1910 umfasste der Kreis 83 Gemeinden und Gutsbezirke. Unter den damals (1910) 36.345 Einwohnern waren 31.352 evangelisch und nur 4481 katholisch. Der Landkreis Danziger Niederung, Freie Stadt Danzig, trat am 1. September 1939 zum Deutschen Reich. Sitz der Verwaltung war die Stadtgemeinde Danzig. Am 26. Oktober 1939 wurden die Landkreise Danziger Höhe und Danziger Niederung in den Reichsgau Westpreußen, Regierungsbezirk Danzig, eingegliedert, der Landkreis Danziger Niederung fünf Tage später teilweise in den Landkreis Großes Werder.

Langfelde, heute Długie Pole, war eine kleine Landgemeinde im Amtsbezirk Groß Zünder im Mündungsgebiet der Weichsel. Über die Geschichte des Ortes, der sich an der am 17. August 1905 eröffneten Strecke Knüppelkrug-Gottswalde der Westpreußischen Kleinbahnen AG befand, findet man kaum Angaben. Die evangelische Kirche befand sich in Stüblau, die katholische Kirche in Gemlitz. Gerade einmal 190 Einwohner zählte der Ort kurz nach der Jahrhundertwende, wie das Gemeindelexikon für das Königreich Preußen von 1905 (auf Grund der Materialen der Volkszählung vom 1. Dezember 1905) ausweist. 1929 waren es 243 Einwohner. Selbst heute (2011) zählt das seit 1945 polnische Dorf nur 584 Einwohner.

Helene Steiniger war die Jüngste in der Familie, aus diesem Grunde musste sie selbst, und zwar mit der Hand, waschen. Etwas, woran sie sich heute besonders erinnert. Die Anteile der polnischen Bevölkerung waren von Region zu Region in Westpreußen unterschiedlich. Helene Steiniger hat an polnische Nachbarn gar keine Erinnerung. „Wir hatten genug zu essen", erinnert sich die rüstige Seniorin, die in Nienhagen bei Celle ihren Lebensabend genießt. Die Familie habe Kartoffeln gehabt, die im Keller eingelagert worden seien. Der Vater habe Schweine für den Eigenbedarf und auch für den Verkauf besessen.

Sie besuchte die Volksschule zu Langfelde und wurde mit zehn Jahren firmiert. Nach Beendigung der Schule ging sie zum Dorflehrer in den Haushalt, und zwar für zehn Gulden im Monat. Als sie am 19. Januar 1941 Bruno Steiniger heiratete, wechselte Helene Steiniger zur evangelischen Kirche.

Die schönen Erinnerungen an die Heimat werden durch die Ereignisse des Jahres 1945 getrübt. Im Frühjahr 1945 wurde das gesamte Gebiet der Freien Stadt Danzig, das heißt, einschließlich des früheren Kreisgebiets der Danziger Niederung, durch die Rote Armee besetzt und anschließend Polen übergeben. Im August 1945 begab sich die wie die gesamte deutsche Bevölkerung von der lettischen SS vertriebene Familie Steiniger, zu der inzwischen ein zwei Jahre altes Kind gehörte, auf die beschwerliche Flucht gen Westen. Sie flüchtete zunächst im Planwagen, dann zu Fuß und schließlich im Viehwaggon. Noch auf polnischem Staatsgebiet hielten Russen nach der Erinnerung von Helene Steiniger den Zug an und nötigten die Fahrgäste, auszusteigen und Kühe zu melken. Die Krux an dem Ganzen: Der Zug setzte sich wieder in Bewegung und ließ die Frauen mit einem ungewissen Schicksal zurück. Dass Vergewaltigungen in dieser schlimmen Zeit an der Tagesordnung waren, entging der jungen Frau nicht.

Helene Steiniger verstarb während der Drucklegung dieses Buches. Am 3. Januar 2012 wies eine Todesanzeige in der „Celleschen Zeitung" auf den am 29. Dezember 2011 erfolgten Tod der Zeitzeugin hin.

Erinnerungen von Jürgen Herrmann

Jürgen Herrmann verlebte seine Kindheit in Damerau, sechs Kilometer vom Kreissitz Elbing entfernt. Er verlebte seine Kindheit auf dem elterlichen Bauernhof von 228 Morgen, ehe seine Familie im November 1945 der dringenden Empfehlung der polnischen Verwaltung folgte, das Land zu verlassen. Verständigt habe man sich damals „mit Händen und Füßen", erinnert sich Jürgen Herrmann, der heute mit seiner Ehefrau Lieselotte in Celle in Niedersachsen lebt. Man habe sich durchgekämpft mit ein paar Brocken Polnisch und ein paar Brocken Russisch.

Jürgen Herrmann erblickte 1931 das Licht der Welt, er besuchte die Volksschule in Damerau, die sich neben einigen Bauernhöfen wie dem elterlichen und einer Gaststätte mit Kaufmannsladen in der Dorfmitte befand. Er hatte einen älteren und einen jüngeren Bruder. Auf dem Hof lebte die ganze Palette an Nutzvieh: Pferde, Schweine, Rinder, Schafe, Hühner, Enten, Gänse. Knechte und Mägde unterstützten bei der Arbeit in der Landwirtschaft. Polnischsprachige Bevölkerungsteile gab es dort nicht, es gab auch so genannte Instfamilien, die im Sommer drei, im Winter zwei Personen zur Arbeit stellen mussten. Im Krieg kamen dann noch Gefangene aus Polen und Russland auf die Höfe.

Vater Ernst, der gleich bei Kriegsausbruch einberufen wurde, war gelernter Landwirt, also kein Bauer, seine Frau hieß Luise. Jürgen Herrmann spricht gerne über seine Jugendzeit in Westpreußen. Von Flucht und Vertreibung hatte seine Familie glücklicherweise nichts verspüren müssen. „Flüchten durften wir nicht, es war verboten. Wir mussten alles bezahlen für die Fahrt", erinnert sich Jürgen Herrmann an die beschwerliche, tagelange Reise in Güterwagen in die sowjetische Besatzungszone.

Die Kirche befand sich in Elbing, die Heilige Leichnamkirche. Pfarrer Gerhard Krupp von der Gemeinde Zum Heiligen Leichnam war auch der Führer der Elbinger Bekennenden Kirche, er hatte seinen Namen, um den Nazis zu gefallen, von Kruppski in Krupp geändert. Jürgen Herrmann wurde aber wegen der Umstände, die die Zeit mit sich brachte, erst im April 1946 in Thüringen konfirmiert. Im Juli 1946 siedelte die Familie nach Niedersachsen über.

Besonders bleiben Jürgen Herrmann die schönen Erinnerungen an die Winterzeit in den waldigen und bergigen Gegenden in der Elbinger Höhe: „Für Kinder waren die Winter sehr gut", sagt er. Wenn am Sonnabend die Bauern nach Elbing zum Markt gefahren seien, so hätten sich die Kinder im Winter gerne mit ihren Schlitten hinten angehängt.

Das Wohnhaus der Familie Herrmann in Damerau heute, 2001. Die Straße ist die ehemalige Reichsstraße 1 nach Königsberg. Foto: Herrmann

Erinnerungen von Dieter Behrendt

Dieter Behrendt ist auch ein Zeitzeuge. Er hat die ersten neun Jahre seines Lebens in Westpreußen gelebt. Obwohl auch seine Familie 1945 flüchten musste, kann er insgesamt nur vom Glück seiner Familie sprechen: Die ganze Verwandtschaft sei aus dem Krieg unversehrt zurückgekehrt, abgesehen von einem Onkel, der in den letzten Kriegstagen zum Volkssturm gerufen und dabei verschollen sei. Dieter Behrendt wurde am 29. Oktober 1936 geboren und lebt heute in Großmoor im Landkreis Celle. Seine ersten Lebensjahre verbrachte er auf dem 75 Morgen großen Hof seines Vaters, Ernst Behrendt, in Charlottenwerder, einem Ort im Kreis Rosenberg, acht Kilometer von Rosenberg und 20 Kilometer von Deutsch Eylau entfernt. „Rund herum waren große Güter", erinnert er sich. Drei Jahre lang hatte er die Volksschule in Charlottenwerder besucht, die Kirche befand sich in Rosenberg. Als Dieter Behrendt vor 20 Jahren seine Heimat besuchte, stand im Dorf eine neue, katholische Kirche. Der örtliche Geistliche, der ein wenig Deutsch sprach, präsentierte ihm das moderne Gebäude, das den tiefen religiösen Glauben der heutigen Bevölkerung Westpreußens und ganz Polens unterstreicht. Der Vater, Ernst Behrendt, war von einem landwirtschaftlichen Betrieb in Peterkau nach Charlottenwerder gekommen und habe sich dort selbstständig gemacht. Die Mutter Ella stammte aus Charlottenwerder. „Wir hatten immer ein Mädchen vom Reichsarbeitsdienst auf dem Hof", sagt Dieter Behrendt. Diese Mädchen seien stets für ein Jahr dort gewesen, sie hätten in einem Maidenlager gewohnt und seien täglich auf den Hof gekommen, wo sie Kochen lernten und Rotkreuz-Arbeiten verrichteten. Ein Mädchen sei sogar drei Jahre lang dort gewesen. Zu diesem, heute 91 Jahre alt, pflege er noch immer einen guten Kontakt.

Ernst Behrendt auf seinem Trakehner-Pferd.

Dieter Behrendt als Kind im Kreis der Familie: Hinten links seine Tante Gertrud Tolsdorf, rechts Mutter Ella. Er selbst sitzt in der Mitte, links von ihm Bruder Ingo, rechts Bruder Eckart. Fotos (2): Behrendt

Im Januar 1945 floh die Familie mit Pferd und Wagen mit dem Ziel Visselhövede in der Lüneburger Heide. Unterwegs kam die Familie im Februar für 14 Tage in einer Sägerei in Preußisch Stargard unter. Rechtzeitig sei die Familie noch im gleichen Monat über die Oder gekommen, erinnert sich Dieter Behrendt. Auch da habe die Familie Glück gehabt.

Flucht- und Räumungsvorbereitungen in Westpreußen 1944/45

Auszug aus einem handschriftlichen Bericht von Gert Fiedler, Kreis Kulm, S. 6 ff.

Quelle: Ostdokumentation, Teil 2 (Erlebnisberichte), Bundesarchiv Bayreuth

In den letzten Monaten 1944/45 wurde, wie überall, fast der gesamte Kreis Kulm zur Verteidigung vorbereitet. Straßensperren, verminte Brücken und Panzersperren. Die Kreisbauernschaft arbeitete einen sehr genauen Plan zusammen mit dem Landratsamt aus. Dieser Räumungsplan wurde bereits im Okt(ober) 44 in 3facher Ausführung nach Danzig geschickt. Wiederholt teilte ich den oberen Stellen unsere schweren Bedenken mit, daß sämtliche noch so genauen Vorbereitungen zwecklos wären, wenn wir nicht eine Notbrücke bei Kulm über die Weichsel, sowie genügend Fähren bekämen. Aber nichts erfolgte!

Inzwischen kamen die 1. Flüchtlingstrecks aus den östlichen Kreisen, die Anfang Jan(uar) ein immer größeres Ausmaß annahmen. Die beiden großen Brücken bei Fordon u. Graudenz waren lediglich für die Wehrmacht reserviert.

Nur dem Umstand war es zu verdanken, daß die Weichsel total zufror und dadurch die riesigen Wagenkolonnen Tag und Nacht über das Eis geleitet werden konnten. Unermüdlich waren unsere Kulmer Deichbauern dabei(,) die 4 Übergänge mit Wasser zu übergießen, wodurch eine feste Fahrbahn geschaffen wurde, die die schwersten Lasten trug. – Als für unseren Kreis immer noch kein Räumungsbefehl kam, fuhr ich kurz entschlossen am 21. Jan(uar) nach Danzig. Dort, auf die tel. Anfrage des Landesbauernführers beim Gauleiter, konnte ich mich durch die 2. Hörmuschel davon überzeugen, wie der Gauleiter uns beruhigte mit den Worten: „Die Gefahr wäre behoben, der Einmarsch der Russen wär zum Stillstand gekommen und unsere Gegenmaßnahmen ständen bevor." Mit diesem Resultat fuhr ich wieder heimwärts und brauchte für die Fahrt statt 3 Stunden fast den ganzen Tag, da die zurückgehende Wehrmacht, der Reichsarbeitsdienst u. die Trecks sämtliche Straßen blockierte(n). – In Kulm gaben wir daraufhin sofort mit dem einsichtigen Kom. Kreisleiter Dzaak den Räumungsbefehl heraus. Dank der guten Vorarbeit gingen die Kolonnen geführt von den eingesetzten Treckführern einigermaßen geordnet über die Weichsel.

Später kamen viele Orttrecks, durch das dauernde Hinzuströmen von Flüchtlingen aus anderen Kreisen durcheinander. Aber dennoch haben viele Treckführer ihre Kolonnen geschlossen über Oder und Elbe gebracht.

Dadurch und durch gute Zusammenarbeit Kreisleitung u. Kreisbauernschaft ist es zu verdanken, daß vom Kreise Kulm verhältnismäßig sehr viele deutsche Menschen sich in Sicherheit bringen konnten.

Dieses bestätigte auch der letzte Bürgermeister von Kulm – Buchwald – in seinem Artikel in „Der Westpreuße".

Gert Fiedler
früher: Blachta Kr. Kulm
jetzt: Hannover-Kl. Buchholz

Anmerkungen von Günter Hagenau:

Mit der Räumung war nach den auch mit der Wehrmacht abgestimmten Plänen schon für den Herbst 1944 gerechnet worden. Deshalb ist von Brücken und Fähren die Rede. Die Pläne mussten dann kurzfristig auf den Übergang über das Eis umgestellt werden.

Die Herstellung der in den Fluchtberichten genannten Eisbrücken bestand nicht nur in der Schaffung von Fahrstreifen, die hinreichend tragfähig und auch nicht mehr spiegelglatt waren, was durch immer neues Auftragen dünner Strohschütten und Einnässen mit Wasser erreicht wurde. Von den Uferböschungen, auch wenn sie weniger als einen Meter hoch waren, mussten für das Befahren mit Pferdefuhrwerken geeignete Ab- und Auffahrrampen geschaffen werden, wofür ebenfalls das Verfahren mit Strohpackungen und Wasservereisungen angewandt wurde.

Der für diese Arbeiten und für das Anwachsen einer genügend starken Eisdecke erforderliche starke Frost setzte erst wenige Tage vor Eintreffen der Trecks ein, fast überall erst um den 18. Januar.

Die Räumungsplanung beruhte auf einem Entschluss des westpreußischen Gauleiters Albert Forster. Sie war Bestandteil der militärischen Operationsplanung für den Fall, dass die russische Offensive weiter als bis an die Reichsgrenzen gelangen würde. Mit der Räumung sollte die Bevölkerung rechts der Weichsel vor einer Verwicklung in die Abwehrkämpfe bewahrt und sichergestellt werden, dass nach Zurückwerfen der russischen Angriffswelle geordnet in die verlassenen Bereiche zurückgekehrt wird. Dazu waren jedem Kreis Auffangkreise jenseits der Weichsel zugewiesen und diese Kreise in die Planung der Räumungsaktion mit einbezogen worden. So waren, um nur einige zu nennen, dem Kreis Strasburg der Kreis Schwetz als Unterbringungsraum zugewiesen, dem Kreis Thorn Wirsitz, dem Kreis Neumark Berent und dem Kreis Briesen der Kreis Zempelburg.

Von Flucht war bei allen Vorbereitungen nicht die Rede. Als sich jedoch im Januar herausstellte, dass sich beim Eintreffen der Trecks die Dörfer und Städte der Aufnahmeräume selbst bereits im Aufbruch befanden, ging die Räumungsbewegung in das über, was man eine heillose Flucht nennen konnte.

Quelle

Hans Jürgen Wilckens: Die Große Not, Danzig-Westpreußen 1945, Truso-Verlag 1981

Exkurs: Feuerwehrwesen

Die Danziger Berufsfeuerwehr wurde am 1. Juli 1858 gegründet.[114] Dort bestand zugleich eine freiwillige Feuerwehr. In Elbing (*Elbląg*), wo bereits 1817 ein Freiwilliger Feuer-Rettungsverein gebildet worden war, wurde mit Wirkung vom 1. April 1875 eine städtische Berufsfeuerwehr aufgestellt, woraufhin die Freiwillige Feuerwehr ihre Tätigkeit allmählich einstellte. Branddirektor der städtischen Feuerwehr war von 1888 bis 1928 Heinrich Bersekowski. Elbing besaß laut dem Statistischen Jahrbuch deutscher Städte von 1913 damals nur die Berufsfeuerwehr.[115]

1880 wurde der Westpreußische Provinzial-Feuerwehrverband gegründet. Im Kreis Rosenberg wurde zunächst in der Stadt Bischofswerder am 1. August 1881 eine freiwillige Feuerwehr gegründet. Es folgten dann in Zweijahresabständen die Gründung der freiwilligen Feuerwehren in Rosenberg 1883, Deutsch Eylau 1885, Freystadt 1887 und 1911 Riesenburg. Als erste ländliche freiwillige Feuerwehr des Kreises wurde 1907 in Groß Peterwitz eine solche gegründet. Bis 1921 arbeiteten die Feuerwehren Hand in Hand mit den weiterhin bestehenden Pflichtfeuerwehren.[116]

Die Freiwillige Feuerwehr Riesenburg um 1912. Repro: Blazek

Der im Jahre 1921 gewählte Vorsitzende des Westpreußischen Feuerwehrverbandes, Stadtrat Franz Behrendt, Marienburg, hat in Anerkennung dieser Not-

---

[114] Vgl. Schinkel, Walter, „Unsere Danziger Feuerwehr", in: Unser Danzig, Heft Nr. 07 vom Juli 1950.

[115] Vgl. Lindenroth, Gustav, Die Geschichte des Feuer-Lösch- und Rettungs-Vereins zu Elbing von seiner Gründung bis in die neueste Zeit nach den Acten bearbeitet, Danzig und Elbing 1867. Staatsarchiv Danzig, Bestand Feuerlösch- und Rettungsverein Elbing (Zwiazek Strazy Pozarnej, Elblag), 2. 1822-1895.

[116] „Das Freiwillige Feuerwehrwesen im Kreis Rosenberg", von Kreisbrandmeister Schlubkowski, Rosenberg, in: Heimatkalender des Kr. Rosenberg von 1932. Daraus auch die folgenden Ausführungen über das Feuerwehrwesen im Kreis Rosenberg i. Westpr.

wendigkeit in seiner bisherigen Tätigkeit unermüdlich und erfolgreich an Abstellung noch vorhandener Mängel tatkräftig mitgewirkt. Die Gründung der im Jahre 1921 im Kreise errichteten freiwilligen Wehren Guhringen, Dakau, Laskowitz, Stangenwalde, Klein Albrechtau, Heinrichau, Harnau und Conradswalde ist größtenteils seiner Anregung und Mitwirkung zuzuschreiben.

Im Jahre 1925 wurde, dem Beispiel anderer Provinzen des Vaterlandes folgend, der Kreisfeuerwehrverband Rosenberg begründet. Dieser hat unter Leitung seines Vorsitzenden, Landrat Herbert Kleine, und Mithilfe des Kreisbrandmeisters Oskar Gnuschke, Deutsch Eylau, mit Erfolg weiter an dem begonnenen Werk gearbeitet. Eine Unfallversicherung seitens des Kreises wurde abgeschlossen, von den Körperschaften des Kreises, der Städte und Gemeinden wurden Geldmittel für die Beschaffung von Ausrüstungsgegenständen zur Verfügung gestellt.

Die Freiwillige Feuerwehr Deutsch Eylau erhielt 1926 bereits einen Motorlöschzug. Als weitere Anschaffungen folgten die Motorlöschzüge Rosenberg und Riesenburg im Jahre 1929, Klein-Motorspritzen bei zwölf ländlichen Wehren und die 800-Liter-Motorspritze der Stadt Bischofswerder. Namhafte große Beihilfen stellte auch die Ostpreußische Feuersozietät in Königsberg i. Pr. für diese Anschaffungen zur Verfügung: durch Überweisung von Geldmitteln bei Neugründungen, bei Anschaffungen durch Rauchschutzmasken, durch sachliche Beratungen durch Feuerlöschdirektor von Zschüschen und Lehrbücher. So stand sie in jeder Weise den Feuerwehren zur Seite und förderte dadurch eine weitere Ausbildung und zeitgemäße Ausrüstung.[117]

1929 war der Feuerwehrverband Westpreußen ein Provinzialverband des Preußischen Landes-Feuerwehrverbandes.[118]

Der verdiente Kreisbrandmeister Oskar Gnuschke aus Deutsch Eylau, 40 Jahre aktiver Feuerwehrmann, unermüdlich an führender Stelle tätig, auch als stellvertretender Vorsitzender des Kreisverbandes, sah sich wegen seines zunehmenden Alters und mangelnder Gesundheit gezwungen, im Dezember 1928 sein Amt niederzulegen. Zu seinem Nachfolger wurde unmittelbar danach der Oberbrandmeister Schlubkowski aus Rosenberg ernannt.

Im Januar 1930, durch den Tod abberufen, wurde der in Feuerwehrkreisen hochgeschätzte und beliebte Führer Oskar Gnuschke, begleitet von vielen Kameraden, zur letzten Ruhe geleitet. 44 freiwillige Feuerwehren mit rund 1000 Feuerwehrleuten waren dem Kreisverband Rosenberg 1932 angeschlossen, und keine Ortschaft des Kreises befand sich nach den Ausführungen von Kreisbrandmeister Schlubkowski im Heimatkalender des Kreises Rosenberg außerhalb der 8-Kilometer-Pflichtzone. „Bis auf Ausrüstung der zuletzt gegründeten

[117] Vgl. Milte, Hans, Freiwillige Feuerwehr in Ostpreußen, Westpreußen – Memel – Danzig zum 100. Jahrestag der Gründung des Ostpreußischen Provinzialfeuerwehrverbandes, Oktober 1975. Generaldirektor der Feuersozietät der Provinz Ostpreußen war von 1922 bis zu seinem Tod im Jahr 1933 Rudolf Meyer.

[118] Frank, Paul Arthur, Das Deutsche Feuerwehrbuch, Leipzig 1929 (Reprint-Sonderausgabe 1992), S. 19 f.

Wehren und der zum Teil notwendigen Ergänzungen der jetzigen Bestände sind die Wehren des Kreises zeitgemäß ausgerüstet und dürfte dadurch ein ausreichender Schutz bei Feuersgefahr gewährleistet sein", schrieb er.

Gruß vom 25-jährigen Stiftungsfest der Freiwilligen Feuerwehr Mewe, 15. Juni 1913. Repro: Blazek

Undatierte Postkarte mit dem Mittelschloss der Marienburg: Firmariegiebel, Mitte des 14. Jahrhunderts. Repro: Blazek

Undatierte Postkarte von Elbing. Repro: Blazek

Exkurs: Kriminalgerichtsbarkeit

Wir sprechen gerne von den dunklen Seiten der deutschen Geschichte, wenn wir von Gräueltaten reden, an denen Deutsche beteiligt gewesen sind. Ein dunkles Kapitel ist das Justizwesen selbst. Irrglauben, Diktatur und Sadismus führten die Angehörigen privilegierter Schichten in früheren Zeiten dazu, ihren Untertanen unsägliches Leid anzutun, sie zu foltern, sie hinzurichten.

Aus Westpreußen sind nur wenige mittelalterliche Fälle der Kriminalgerichtsbarkeit bekannt. Hanß, Martin und Michel Grieger, drei Brüder aus Schlesien, wurden 1494 wegen Mordbrennerei (Brandstiftung) in Danzig hingerichtet. Im gleichen Jahr wurde auch Michel Kitteler wegen Mordbrennerei hingerichtet.[119]

Der Elbinger Geschichtsforscher Gottfried Gotsch wies darauf hin, dass die Elbinger Kirche zu heiligen drei Königen im Jahr 1341 erbaut und diese 1344 eine Rente in des Scharfrichters Goldini Hause besessen habe.[120]

Karl V. (1500-1558), Kaiser von 1519 bis 1556, vereinigte in seiner Hand das seit Karl dem Großen an Bevölkerungszahl, Ausdehnung und Reichtum größte Reich, welches das Heilige Römische Reich, Spanien und die spanischen Kolonien umfasste. Überzeugt von seiner kaiserlichen Aufgabe und unter Berufung auf die von Karl dem Großen verkörperte mittelalterliche Kaiseridee, suchte Karl die mittelalterliche Glaubenseinheit wiederherzustellen, die Ungläubigen zu bekämpfen und den Glauben auszubreiten.

In seiner Zeit, 1532, wurde auf dem Reichstag zu Augsburg und Regensburg die peinliche Gerichtsordnung des Heiligen Römischen Reichs aufgestellt und beschlossen. In der so genannten „Constitutio Criminalis Carolina" (CCC) werden sieben Todesstrafen genannt, wobei es galt: je gemeiner das Verbrechen, desto härter und entehrender die Strafe. Anzumerken sei jedoch, dass es sich bei den nachstehend aufgeführten Strafen um Richtlinien handelt, sodass die tatsächlich verhängte Todesstrafe anders aussehen konnte.

Bis um die Mitte des 16. Jahrhunderts scheint die Verfolgung von Kindesmord in Deutschland relativ selten gewesen zu sein, schreibt der Historiker Richard J. Evans. „Man darf bezweifeln", so Evans, „dass dies an der geringen Zahl der Delikte lag; eher dürfte sich der Kindesmord einer gewissen Duldung durch die Gemeinschaft und den Staat erfreut haben, sodass die meisten Fälle nicht vor Gericht kamen". Bis zur Mitte des 17. Jahrhunderts jedoch sei ihre Zahl stark gestiegen, dass Kindesmord als weibliches Delikt an Häufigkeit neben der Hexerei rangierte. In Danzig wurden in den fünfzig Jahren zwischen 1558 und 1608 sieben Frauen wegen Kindesmords hingerichtet; in den nächsten fünfzig

---

[119] Strehlau, Helmut, „Danziger Chronik vom Jahr 1676", in: AfS 31 (1965), S. 25-33, 156-161, hier: S. 29 und 156. Eine Verordnung über die Mordbrennerei von 1697 gestattete, dass es jedem freistehen solle, einen ertappten Mordbrenner in das von ihm gelegte Feuer zu werfen. (Löschin, Gotthilf, Geschichte Danzigs von der ältesten bis zur neuesten Zeit, 2. Teil, Danzig 1828, S. 108.)

[120] Fuchs, Michael Gottlieb, Beschreibung der Stadt Elbing und ihres Gebietes, 2. Bd., Elbing 1821, S. 458.

Jahren 21 und in den dann folgenden fünfzig Jahren 22. Im erstgenannten Zeitraum stellten Kindesmörderinnen nur 17 Prozent der überhaupt hingerichteten Frauen, im zweiten 43 und im dritten 58 Prozent. Zwischen 1708 und 1717 wurden in derselben Stadt neun Frauen wegen Kindesmords und nur drei wegen anderer Delikte (in allen Fällen Mord) hingerichtet. In anderen Städten verlief die Entwicklung ähnlich.[121]

Am 23. Juni 1568 wurden in Danzig elf Seeräuber enthauptet, die im Dienst der königlichen Schifffahrtskommission gestanden und Bauern überfallen hatten, die Lebensmittel nach Danzig brachten. Die Angelegenheit wurde auf dem Reichstag von 1569 verhandelt.[122]

1630 wurde in Danzig ein Zuchthaus errichtet, um vor allem Bettler und „müßige Arme" aufzunehmen.[123]

Im 16. Jahrhundert wurden in Strasburg eine Hinrichtung wegen Zauberei und eine Ausweisung wegen Diebstahls erwähnt. Im Jahre 1709 lieh sich Strasburg den Thorner Scharfrichter.[124]

Das Evangelisch-lutherische Kirchenbuch von Dirschau verzeichnet unterm 3. März 1642 die Hochzeit des Scharfrichters Adam von Berlinke (Berlinchen?) mit Maria, Witwe des Scharfrichters Peter Korte. Das Paar ließ nach den weiteren Eintragungen am 13. Januar 1643 den Sohn Martin und am 24. November 1644 eine Tochter namens Dorothea taufen.

Der Band 5 des Evangelisch-lutherischen Kirchenbuchs von Dirschau nennt auf Seite 977 (1656) den Scharfrichter Gregor Strauch, Sohn des verstorbenen Scharfrichters Gregor Strauch zu Danzig: Er heiratete am 20. November 1656 Gertrud, Witwe des Scharfrichters Martin Ludwig zu (Preußisch) Holland.

Im Jahre 1660 schlossen drei im Kreis Marienwerder gelegene Dörfer mit dem Scharfrichter von Dirschau einen Kontrakt, der auch die Taxe für die verschiedenen Verrichtungen enthielt.[125]

Das Jahr 1724 war ein trauriges Jahr für die Protestanten in Polen. Die Stadt Thorn präsentierte sich als Standort eines Blutgerichts. Am 7. Dezember 1724 wurden zuerst der 63-jährige Stadtpräsident Johann Gottfried Rösner im Innenhof des Rathauses und anschließend neun weitere Verurteilte (Magistratspersonen) auf dem altstädtischen Markt enthauptet. Die Güter der enthaupteten Bürger wurden eingezogen, die Marienkirche den Protestanten genommen, in den Rat wurden vier und in das Gericht zwei katholische Mitglieder gesetzt, und die Jesuiten erhielten eine Schadloshaltung von 22000 Gulden. Der Bürgermeister und Vizepräsident Jakob Heinrich Zernecke (1672-1741) entging der Todesstra-

---

[121] Evans, Richard J., Rituale der Vergeltung – Die Todesstrafe in der deutsche Geschichte 1532-1987, Berlin 2001, S. 76.
[122] Historia Gdańska, Bd. II, S. 299-303.
[123] Evans, wie oben, S. 153.
[124] Plehn, Hans, Geschichte des Kreises Strasburg (Materialien und Forschungen zur Wirtschafts- und Verwaltungsgeschichte aus Ost- und Westpreußen II), Leipzig 1900, S. 172.
[125] Günther, Otto, „Ein Kontrakt mit dem Scharfrichter von Dirschau", in: Mittheilungen des Westpreußischen Geschichts-Vereins, Jg. 1, 1902. S. 58–60.

fe, weil sich einige polnische Adelige für ihn bei August II. verwandt haben. Er verließ Thorn und siedelte nach Danzig über.

Johann Gustav Droysen schreibt 1869: „Nur um so mehr wurde die Execution beschleunigt; umsonst riefen die Verurtheilten des Königs Gnade an, die Hinrichtungen bis auf eine wurden am 7. Dec. vollzogen; und am 13. Dec. schrieb König August von Warschau aus: ‚er würde gern auch die andern begnadigt haben, wenn die Conjuncturen es hätten zulassen mögen.'"[126]

In Thorn wurde 1746 der alte, auf dem Markt neben dem Rathaus stehende Pranger abgebrochen und an der Stelle ein neuer errichtet, wofür man Steine des abgebrochenen Schlosses zu Althausen verwendete. In der Mitte eines ungefähr sechs Fuß breiten und fünf Fuß hohen ausgemauerten, mit einem eisernen Gitter und vier Stufen versehenen Würfels stand eine 12 Fuß hohe steinerne Säule, auf deren Spitze eine Figur mit einer eisernen Rute in der Hand stand. Die Hände des Verbrechers, dessen Oberleib entblößt war, wurden mit einem an der Säule angebrachten eisernen Ringe in die Höhe gezogen und befestigt. Mit einer Rute erhielt er nun sechs Streiche, worauf die benutzte Rute sofort weggeworfen und eine frische genommen wurde. Dies wurde so oft wiederholt, wie es im Erkenntnis bestimmt war. Nach beendigter Exekution zog der Scharfrichter die ihm zu diesem Zweck gegebenen weißen Handschuhe aus und warf sie dem Henker zu. Der Verbrecher erhielt ein Brot für 1 Silbergroschen und wurde durch den Henkerknecht über die Weichselbrücke aus dem Gebiet der Stadt gebracht, denn diese Strafe war wenigstens in späterer Zeit stets entehrend und mit Landesverweisung verbunden. Diese Säule wurde am 16. September 1809 abgebrochen, der Platz geebnet und in dessen Nähe vonseiten der polnischen Regierung feierlich der Grund zu einem Denkmal für Kopernikus gelegt. Das Denkmal kam nicht zu Stande, es scheint, dass die zu diesem Zweck von den polnischen Behörden gesammelten Beiträge später zu dem in Warschau errichteten Denkmal verwendet wurden.[127]

Im Hoheitsbereich der Scharfrichter befand sich auch das Abdeckereiwesen. Das 1845 herausgegebene Westpreußische Provinzialrecht geht auf die Abdeckereiprivilegien in früheren Zeiten ein:[128]

Nach den Ermittelungen über die Berechtigungen der Abdecker, den Werth derselben, die Entschädigungsansprüche, den Pferde= und Rindviehbestand, welche dem Landtage von 1645 vorgelegt sind, bestehen im Danziger Regierungsbezirke 3 Abdeckereien zu Elbing, Marienburg und Dirschau, welche in den Jahren 1787 und 1804 als Lehn verliehen wurden; die Privilegia lauten:

---

[126] Droysen, Johann Gustav, Friedrich Wilhelm I., König von Preußen, 1. Bd., Leipzig 1869, S. 362. Vgl. Frydrychowicz, Romuald, „Die Vorgänge zu Thorn im Jahre 1724", in: ZWestprGV XI [11], Danzig 1884, S. 64-98.

[127] Prätorius, Karl Gotthelf, Topographisch-historisch-statistische Beschreibung der Stadt Thorn und ihres Gebietes, die Vorzeit und Gegenwart umfassend, Erstes Heft, Thorn 1832, S. 135.

[128] Westpreußisches Provinzialrecht, 1. Bd., hrsg. vom Kammergerichtsassessor zu Marienwerder Achilles Caesar Freiherr von Vegesack, Danzig 1845, S. 507 f.

„Es wird bei 10 Thlr. Strafe anbefohlen, daß sowohl die Bürger als Einwohner in den Städten als auch alle Landbewohner sich nicht unterstehen sollen, das Luder hinter die Zäune fahren zu lassen, sondern solches allemal dem Scharfrichter oder seinen Leuten anzusagen schuldig sein sollen. Im Fall aber Jemand sich unterstehen sollte, das Luder selbst hinter die Zäune zu schleppen und abzuziehen, so soll derselbe nicht zur Abtragung der oben gedachten Strafe angehalten werden, sondern auch dem Scharfrichter die Leder bezahlen. Diesem soll für seine Dienste und Aufwartung die Haut von dem gestorbenen Vieh gelassen werden."

Alle 3 Abdeckereien zahlen jährlich 373 Thlr. Canon und an Lehnwaare bei Todesfällen 485 Thlr. 20 Sgr. 7 Pf.; die Entschädigungsforderung ist auf 82665 Thlr. 20 Sgr. gestellt; der Viehbestand im Jahre 1843: 58.412 Pferde und 109178 Stück Rindvieh, einschließlich des Viehs der adligen Güter. Von dem Marienwerderschen Regierungsbezirk waren solche Ermittelungen zur Zeit noch nicht eingegangen.

Das Amtsblatt für den Regierungsbezirk Marienwerder 1832 macht bekannt:[129]

Marienburg. *Die zu magdeburgischen und beider Kinder Rechten verliehene Scharfrichterei= und Abdeckerei=Gerechtigkeit in den Städten Dirschau, Stargardt und Schöneck und in den Domainen=Aemtern Subkau, Sobbowitz, Kyschau etc. nebst Wohn= und Wirthschaftsgebäuden und Pertinenzien, soll sofort aus freier Hand verkauft oder aber auf mehrere Jahre verpachtet werden. Im Auftrage des Besitzers habe ich hiezu einen Termin aus den 22sten Juni d. J. des Morgens um 10 Uhr in der Scharfrichterei zu Dirschau angesetzt, und lade zu demselben zahlungsfähige Kauf= oder Pachtlustige mit dem Bemerken ein, daß die Kauf= und Pachtbedingungen so wie das Verleihungs=Privilegium jederzeit bei mir eingesehen weiden können, und daß auf Verlangen, ein Theil des Kaufgeldes zur 1sten Stelle, eingetragen stehen bleiben kann. Den 21. Mai 1832.*

Der Justiz=Kommissarius Trieglaff.

Zwischen 1818 und 1830 gab es 16 Todesurteile und 6 Hinrichtungen in Westpreußen (und 20 Todesurteile und 11 Hinrichtungen in Posen). In den östlichen Provinzen – Posen, Schlesien, West- und Ostpreußen – mit ihren großen polnischen Minderheiten sowie einer rückständigen ländlichen Wirtschaft und verarmten Kleinstädten war überhaupt ein ungleich stärkeres Gewicht auf das Erkennen der Todesstrafe zu erkennen als beispielsweise in der Rheinprovinz. Zu begründen ist dieser Umstand mit den unterschiedlichen Gerichtsverfahren: In Preußen waren die Verfahren nicht öffentlich (wie in der Rheinprovinz), sondern geheim, und stützten sich hauptsächlich auf die Bewertung des Geständnisses eines Angeklagten.[130]

Der württembergische Schulrat Carl August Zeller (1774-1846) berichtete in seinem 1824 aufgelegten Buch, „Grundriß der Strafanstalt, die als Erziehungs-

---

[129] Amtsblatt für den Regierungsbezirk Marienwerder 1832, Öffentlicher Anzeiger, Marienwerder, 1. Juni 1832, S. 176.
[130] Evans, wie oben, S. 313.

anstalt bessern will", von seinen Beobachtungen bei der Hinrichtung eines Mörders in Westpreußen:[131]

Der Verfasser war einmal in Westpreußen Zeuge der Hinrichtung eines Polen, der eine Wittwe ihrer Baarschaft beraubt, und auf das Grausamste ermordet hatte. Die Tochter, die er eben so schrecklich gemishandelt, und für todt zurückgelassen, ward indeß mit Mühe, aber nothdürftig, hergestellt. Diese und ein großer Theil der Nachbaren, wohnten der Hinrichtung durch's Rad bei, und erregten Aufmerksamkeit. Wenn allerdings befriedigtes Rachgefühl ihr erstes war, als der Missethäter in seiner Kuhhaut herangeschleift ward, so machte es doch bald dem menschlichen Mitgefühle der Leiden Platz, die doch auf jeden Fall geringer waren, als die, welche ihre Mutter und sie selbst erduldet hatten. Die Beleidigte war befriedigt, die Nachbaren waren es nicht minder. „Es wäre ja zum Davonlaufen," sagten diese, „wenn keine Furcht mehr wäre, wenn der König weniger Mitleiden mit uns, als mit solchen reißenden Thieren hätte."

Zeller hatte wegen seiner dem König und dem Ministerium entsprechenden Arbeiten in Ost-/Westpreußen und Litauen die Domäne Münsterwalde bei Marienburg übertragen bekommen. Seine folgenden Studien befassten sich wunschgemäß u. a. mit den Graudenzer Strafanstalten.

Räderskizze zu Anfang des 19. Jahrhunderts. Repro: Blazek

Das Königliche Land- und Stadtgericht Schubin gab unterm 9. Mai 1843 eine Warnungs-Anzeige heraus, die im Amtsblatt der Königlichen Preußischen Regierung zu Bromberg abgedruckt wurde:[132]

Der Dienstknecht Carl Kutschenreiter aus Schubin, hat in der Nacht vom 11. zum 12. September 1839 eine Frauensperson, mit welcher er im vertrauten Umgänge stand, um sich der aus diesem Verhältnis gegen ihn geltend zu machenden Ansprüche zu entledigen, mit vorher überlegtem Vorsatz, durch mehrere

---

[131] Zeller, Carl August, Grundriß der Strafanstalt, die als Erziehanstalt bessern will, Stuttgart/Tübingen 1824, 8) S. 20; vgl. Vorlesungen über die Gefängniß-Kunde, oder über die Verbesserung der Gefängnisse und sittliche Besserung der Gefangenen, entlassenen Sträflinge u. s. w., gehalten im Frühlinge 1827 zu Berlin von Nikolaus Heinrich Julius d. A. Dr., Berlin 1827, S. 285 (Beilagen und größere Anmerkungen).

[132] Amtsblatt der Königlichen Preußischen Regierung zu Bromberg 1843, Nr. 22, S. 464.

mittelst einer Leitersprosse derselben beigebrachten Hiebe gelobtet. *Er ist durch
rechtskräftige Entscheidung wegen dieses Mordes mit der Strafe des Rades von
oben herab belegt, diese Strafe durch die Allerhöchste Cabinets=Ordre vom 4.
April dieses Jahres, in die des Beiles umgewandelt, und am 4. dieses Monats
durch öffentliche Hinrichtung vollstreckt worden.*

1145 Warnungs - Anzeige.

Der Dienstknecht Carl Kutschenreiter aus
Schubin, hat in der Nacht vom 11. zum 12.
September 1839 eine Frauensperson, mit welcher er im vertrauten Umgange stand, um sich
der aus diesem Verhältniß gegen ihn geltend-
zu machenden Ansprüche zu entledigen, mit
vorher überlegtem Vorsatz, durch mehrere mittelst einer Leitersprosse derselben beigebrachten
Hiebe getödtet. Er ist durch rechtskräftige
Entscheidung wegen dieses Mordes mit der
Strafe des Rades von herab belegt, diese
Strafe durch die Allerhöchste Cabinets Ordre
vom 4. April dieses Jahres, in die des Beiles
umgewandelt, und am 4. dieses Monats durch
öffentliche Hinrichtung vollstreckt worden.

Schubin, den 9. Mai 1843.

Königl. Land- und Stadtgericht.

Przestroga.

Parobek Karol Kutschenreiter z Szubina,
zabił w nocy z dnia 11. na 12. Września
1839 niewiastę w poufałości z nim żyjącą,
kilkorazowem uderzeniem szczebla od drabi,
aby się od pretensyi z tego stosunku ku
niemu roscić mogących uwolnić, z dostate-
cznym namysłem, za które morderstwo wy-
rokami prawomocnymi na karę koła z góry
na dół skazany, i ta Najwyższym rozkazem
gabinetowym z dnia 4. Kwietnia r. b. na
karę topora zamienioną i dnia 4. m. b. przez
publiczne głowy ucięcie, wykonaną została.

Szubin, dnia 9. Maja 1843.

Król. Sąd Ziemsko-miéjski.

Amtsblatt der Königlichen Regierung zu Bromberg Nr. 22 vom 2. Juni 1843, S. 464.

Zur Veranschaulichung sei das Protokoll einer Hinrichtung am Königlichen
Kreisgericht Elbing am 11. Oktober 1853 gestrafft wiedergegeben: Da hatten
sich frühmorgens um viertel vor 8 Uhr im Sitzungssaal der Kreisgerichtsdirektor
Willenbücher und seine Beisitzer, der Staatsanwalt v. Graevenitz, der Ausculta-
tor Loeffler als Gerichtsschreiber und fünf angesehene Mitglieder der Gemein-
devertretung zusammengefunden. Man begab sich von dort in den Hofraum des
Gerichtsgefängnisses. Dort traf man außer zwei höheren Gefängnisbeamten sowie einer Abordnung der in Elbing stationierten Schwadron eines Ulanenre-
giments den Scharfrichtereibesitzer Schesmer mit vier Scharfrichterknechten an,
die den Richtplatz vorbereitet und die zum Hofe führenden Fenster des Gefängnisses mit Decken verhängt hatten. Darauf wurden die zwei Verurteilten namens
Richter und Morai durch den Gefängniswärter Gehr vorgeführt. Gleichzeitig
erschien der Propst Müller von der Elbinger St. Nikolai-Kirche. Der Gerichtsdi-
rektor ließ die Verurteilten die Richtstätte besteigen. Er vergewisserte sich über
ihre Identität. Sodann verlas er das erstinstanzliche Urteil, die Rechtsmittelent-
scheidung und die königliche Bestätigung des Todesurteils. Darauf wies er diese
Bestätigung dem Scharfrichter vor und übergab diesem die Verurteilten mit den
Worten: „Nun thun Sie, was Ihres Amts ist". Die Scharfrichterknechte führten
die Verurteilten zum Schafott. Erst einer, dann der zweite Verurteilte legte seinen Kopf auf den Block. Der Scharfrichter trennte ihnen jeweils mit einem Beil-
schlag den Kopf vom Rumpf.[133]

Das Elbinger Scharfrichtereiwesen hatte sich damals bereits seit Generationen in
den Händen der Familie Schesmer befunden. Der Scharfrichter Martin Schesmer
hatte die Scharfrichterei, mit welcher die Abdeckerei verbunden war, im ganzen

---

[133] Mückenberger, Heiner, Theodor Storm – Dichter und Richter, Baden-Baden 2001, S. 386.

Elbinger Kreis, wozu auch das Amt Tolkemit gehörte, unterm 12. Februar 1787 gegen einen jährlich an die königliche Kasse zu zahlenden Canon von 154 Reichstalern, übertragen bekommen. Am 25. Januar 1804 ging die Scharfrichterei mittels Lehnbrief des Forst-Departements an Schlesmers Sohn Martin Sigismund.

In der Beschreibung der Stadt Elbing von 1832 heißt es: „Das gefallene Vieh ward damals auf den Sandbergen hinter der neuen Schule, wo jetzt die Richtstätte ist, abgedeckt und verscharrt, welcher Platz hiezu bestimmt ward, da der Galgen, an welchem es vorher abgedeckt und vergraben wurde, der am Anfange der königsberger Chaussee erbauet war, bei der Anlage dieser Landstraße abgebrochen ward, wie oben S. 116, vergl. mit S. 175 der ersten Abtheil. des dritten Bandes der Beschreib. von Elbing, angeführt ist. Seit 1809 benutzt aber p. Schesmer diesen ihm angewiesenen Platz hiezu nicht, sondern läßt das im Kreise gefallene Vieh auf seinem Etablissement ab, decken und auf dem hier unbrauchbaren Lande verscharren."[134]

Die 50 Jahre alte Maria Warszawska aus Omulle (*Omule*) wurde am 4. Juli 1855 wegen Mordes, begangen an ihrem 1851 von der Bildfläche verschwundenen zweiten Ehemann, Joseph Warszawski, hingerichtet. Sie war am 24. Oktober 1854 zum Tode verurteilt worden, die Allerhöchste Konfirmation des Todesurteils datiert vom 9. Juni 1855.[135]

Der „Fränkische Kurier (Mittelfränkische Zeitung)" in Nürnberg berichtete in seiner Ausgabe vom 14. September 1856 über ein „seltsames Hindernis":

Marienwerder, 8. Sept. Einer Hinrichtung, welche heute vollzogen werden sollte, ist ein seltsames Hinderniß entgegengetreten. Dem Delinquenten, einem 23jährigen Mörder, war die königliche Bestätigung des Todesurtheils bereits m vorgestrigen Sonnabend verkündigt und das Schaffot im Gefängnißhofe errichtet worden; der Scharfrichter war, da an hiesigem Ort keiner existirt, aus dem fünf Meilen entfernten Graudenz requirirt, er hatte den Auftrag angenommen und versprochen, zu rechter Zeit hier einzutreffen; statt seiner kam jedoch die Nachricht, daß er kurz vor seiner Abreise selbst eines gewaltsamen Todes gestorben sei; ein soeben erst erkauftes Pferd hatte ihn erschlagen. Die zahlreichen Zuschauer, welche sich auf die dem Gefängnißhof benachbarten Zäune und Dächer postirt hatten, mußten unverrichteter Sache abziehen. Der Delinquent, welcher aus seinem Fenster den Rückzug der getäuschten Menge sah, soll lachend geäußert haben: „Die sind recht angeführt!" Freilich ist der Aufschub nur kurz, da sofort nach einem andern Scharfrichter geschrieben worden ist.

Am Morgen des 22. Januar 1884 wurde außerhalb des Weichbildes des Dorfes Skurcz (*Skórcz*) bei Preußisch-Stargard unter einer Brücke die furchtbar zerstückelte, vollständig nackte Leiche des 14-jährigen Knaben Onofry Cybulla gefunden. Der Knabe war regelrecht geschlachtet worden. Der Verdacht eines Ri-

---

[134] Fuchs, Michael Gottlieb, Beschreibung der Stadt Elbing und ihres Gebietes, 3. Bd., Elbing 1832, S. 485.
[135] Evans, wie oben, S. 361 f., Archiv für Preußisches Strafrecht, Sechster Bd., hrsg. von Theodor Goltdammer, Berlin 1858, S. 355 ff.

tualmordes richtete sich zuerst auf den Schlächter Blumenheim, dann gegen den Fleischermeister Behrendt. Letztgenannter hatte sich im April 1885 vor dem Schwurgericht Danzig wegen Mordes zu verantworten. Die fünftägige Verhandlung endete mit dem Freispruch des Angeklagten.[136]

Am 28. März 1894 enthauptete der in Magdeburg lebende preußische Scharfrichter Friedrich Reindel (1824-1908) in Bromberg den Zimmerer Ernst Hohm. Hohm hatte am 19. Dezember 1893 die 3-jährige Rozalia Gaca auf einen einsamen Platz gelockt, sie misshandelt und dann brutal ermordet. „Dziennik Kujawski" berichtete über die Hinrichtung auf dem Gefängnishof neben dem Gerichtsgebäude, der nur Personen mit Einlasskarten beiwohnen durften, am 30. März 1894.[137]

Unter Wilhelm I. hatte es von 1859 bis 1888 insgesamt 85 Hinrichtungen in Preußen gegeben. Unter Wilhelm II. waren es von 1889 bis 1918 nicht weniger als 498.[138] Im Zeitraum 1901 bis 1905 wurden insgesamt sieben Hinrichtungen an Männern in der Provinz Westpreußen ausgeführt, ebenso an Männern sechs in der Provinz Ostpreußen.[139]

1912 schrieb der Oberstaatsanwalt in Bromberg angesichts der Tatsache, dass sich 150 Menschen während einer Hinrichtung vor dem Gefängnis versammelt hatten: „Das Bevorstehen der Hinrichtung ist völlig geheim geblieben. Erst durch die Ankunft des Scharfrichters und später der beiden Geistlichen scheint bei wenigen in der Nähe des Gefängnisses wohnhaften Personen einige Aufmerksamkeit erregt worden zu sein."[140]

Der Oberlandesgerichtspräsident Wirklicher Geheimer Oberjustizrat Lindenberg in Posen berichtete in der Deutschen Juristen-Zeitung vom Jahr 1917 über die in Preußen vollzogenen Hinrichtungen in den zurückliegenden Jahren. „Im Jahre 1914 sind nach einer Mitteilung des Königl. Statistischen Landesamtes 15 männliche und 5 weibliche, zusammen also 20 hingerichtet worden, gegen 18 i. J. 1913, 17 i. J. 1912 und 16 im Durchschnitte der letzten zehn Jahre. Man wird aber annehmen müssen, daß die militärischen Vollstreckungen von Todesstrafen an Spionen usw., die besonders in der der ersten Kriegszeit nicht gering gewesen sein dürften, in dieser Zahl nicht mit einbegriffen sind. Der Anteil der weiblichen Personen an den Hinrichtungen war größer als je zuvor. Von den einzelnen Provinzen war die Rheinprovinz am stärksten an den Hinrichtungen beteiligt mit 5; dann folgen Westpreußen und Schlesien mit je 3."[141]

---

[136] Friedländer, Hugo, Kulturhistorische Kriminal-Prozesse der letzten vierzig Jahre, Bd. 1, Berlin 1908, S. 54.

[137] Ausführlich: Blazek, Matthias, „Herr Staatsanwalt, das Urteil ist vollstreckt." Die Brüder Wilhelm und Friedrich Reindel – Scharfrichter im Dienste des Norddeutschen Bundes und Seiner Majestät 1843-1898, Stuttgart 2011, S. 7-10 und 97 f.

[138] Evans, wie oben, S. 527.

[139] Angaben aus der damals aktuellen Preußischen Statistik.

[140] Reif, Heinz (Hrsg.), Räuber, Volk und Obrigkeit: Studien zur Geschichte der Kriminalität in Deutschland seit dem 18. Jahrhundert, Frankfurt am Main 1984, S. 235.

[141] Deutsche Juristen-Zeitung, Jg. 22, Berlin 1917, S. 487.

Der blutige Auftritt zu Thorn 1724

Ein Buch mit dem Titel „Anno 1724: Zur Charakteristik der polnischen Herrschaft" befasst sich mit dem blutigen Auftritt zu Thorn am 7. Dezember 1724.
Nur diese Quelle nennt alle Opfer der religiös motivierten Taten. Der Verfasser
ist nie mit vollem Namen genannt, sondern nur mit Fr. Clar. bezeichnet.[142]

Fünfzehntes Kapitel

*Der sechste December war das Fest St. Nikolai – es konnte also nichts Wesentli-
ches vorgenommen werden, nur das Schaffot wurde errichtet. Die Verurtheilten
nahmen von ihren Angehörigen den letzten, herzbrechenden Abschied und berei-
teten sich zum Tode. Dominicaner setzten ihnen dabei unaufhörlich mit Bekeh-
rungsversuchen zu, bis ein banquerotter Kaufmann, Namens Mohaupt, sagte:*

*„Wenn sie uns nicht in Ruhe lassen, wollen wir singen." Sofort begann er aus
voller Brust: „Wenn mein Stündlein vorhanden ist" u. s. w. Seine Todesgenos-
sen stimmten ein und die Mönche wichen nun von dannen.*

*Einer der Unglücklichen, der Knopfmachergesell Becker, ward an diesem Tage
aus dem Gefängniß geholt und sollte in Freiheit gesetzt werden. Eine katholische Magd, die an dem schmucken Burschen Gefallen fand, hatte angegeben, er
wolle sie heirathen und katholisch werden. Als Becker jedoch versicherte er
denke nicht daran, von seiner Religion abzufallen, ward er wieder den andern
Delinquenten beigesellt.*

*Der Fleischer Karwies war zur Viertheilung verurtheilt, weil er dem Crucifix die
Beine abgehauen habe. Er betheuerte: daß er in seinem Leben nie einen Fuß in
das Jesuitercollegium gesetzt habe und als er mit seinen Gefährten das Abendmahl auf den letzten Weg nahm und die Prediger zu Buße und Reue mahnten,
ergriff er den Kelch mit den Worten: „Möge ich nicht das Leben, sondern den
Tod daraus trinken, wenn es wahr ist, wessen man mich beschuldigt."*

*Der Schuhmacher Wunsch hatte am Tage des Tumults, und wochenlang vorher
und nachher, am Podagra zu Bett gelegen, wie die ganze Nachbarschaft bezeu-
gen konnte und bezeugte. Seine Magd, der er verbot, zu dem Lärm hinzulaufen,
hatte ihn aus Rachgier beschuldigt, er sei dabei gewesen, ihre Aussage auch vor
der ersten Commission beeidigt. Als sein Todesurtheil erfolgte, erschrak und
bereute sie, eilte zum Pater Marczewski und bekannte weinend: sie habe den
Unglücklichen fälschlich angegeben. Der Pater erwiderte gleichmüthig: „Da
siehe Du zu. Aendern läßt sich nichts mehr – was beschworen ist, ist beschworen."*

*Solcher Art war die Schuld dieser neun Männer, die übrigens mit einer Freudig-
keit in den Tod gingen, wie sie nur religiöses Märtyrerthums verleiht. Wer von
ihnen bei dem Auflauf gewesen, hatte ihm in der Eigenschaft als Bürgergardist
beigewohnt und dem Pöbel zu wehren gesucht. Der Weißgerber Härtel z. B. hatte sich mit ausgebreiteten Armen in die Thür des Collegii gestellt, damit Nie-*

---

[142] Clar., Fr., Anno 1724: Zur Charakteristik der polnischen Herrschaft, Bromberg 1862, S.
232 ff.

mand hinein könne und dabei gesagt: „Ihr Herren, gebt Euch zufrieden! Um Gotteswillen folget mir." Das letzte Wort wurde so ausgelegt, als habe er sich zum Rädelsführer aufgeworfen und die Andern aufgefordert, ihm in das Kloster zu folgen. Durch eine Kleinigkeit hätte er sich, wie der Nadler Schultz, beim Instigator freikaufen können. In Folge der geweigerten Bestechung hatte sie der Kronbeamte so angeschuldigt, daß sie den Todesopfern beigesellt wurden. Der Zimmergesell Gutbrod, der in Graudenz mit Verstümmelung der Heiligenbilder leichtsinnig geprahlt hatte, war unter den Verurtheilten, wie der reiche Pfefferküchler Hafft, der, wie erwähnt, einen Kelch gestohlen haben sollte.

Den Tag hindurch bestürmten Mönche und katholische Priester den Präsidenten, sich zu ihrer Kirche zu bekehren, in welchem Fall sie ihm das Leben versprachen. Um sich ihrer zu entledigen, verlangte er bis zum Abende Bedenkzeit, worauf sie triumphirend verkündigten: er sei zum Religionswechsel entschlossen. Die Commissarien wurden dadurch in einige Verlegenheit gesetzt; trotz seiner Bekehrung erschien sein Tod ihnen doch nothwendig wegen der Erbitterung der Jesuiten und des ganzen Volks, zu deren Stillung ein ansehnlich Opfer erforderlich war. Sie hätten sich die Sorge indeß ersparen können. Als die Bernhardiner Abends wieder zu Rösner kamen, antwortete er ausweichend: sie möchten nicht so sehr in ihn dringen. Wie könne er ihren Glauben annehmen, da er von demselben keine Information habe? Zumal unter dem über seinem Haupte gezückten Schwert könne er sich dazu gar nicht resolviren. Sie gaben sich damit nicht zufrieden, auch nicht mit der Erklärung, er wäre auf den evangelischen Glauben getauft, wolle also, wenn es sein müsse, auch darauf sterben, wiewohl er den Tod nicht verschuldet habe. Selbst der Bescheid: „Begnüget Euch mit meinem Kopf — die Seele muß Jesus haben," schreckte sie ebensowenig ab, wie die vorrückende Nacht.

Auch von polnischen Herrn und Damen, die ihn gleichfalls zur Bekehrung zu persuadiren suchten, erhielt er Besuche. Zum ersten Mal seit langer Zeit betrat Valeska wieder sein Haus. Frau Dorothea, der jeder Beweis von Theilnahme in dieser schrecklichen Zeit von, großem Werthe war, führte sie zu Katharina. Allein die junge Polin vermochte den Anblick der Besinnungslosen nicht lange zu ertragen, konnte der armen Frau auch keinen andern Trost geben, als mit ihr weinen.

Die Freunde Rösners hofften indeß immer zuversichtlicher, man werde nicht zum Aeußersten schreiten und den Präsidenten begnadigen. So hatte man wenigstens von einigen Commissarien „sub ross" gehört. Abends wollte man bestimmt wissen, ein Befehl des Königs, die Hinrichtung aufzuschieben, sei mit der Post angckommeu. Rösner selbst meinte: seine Feinde würden ihn während der Nacht plötzlich zum Tode führen lassen und hatte sich darauf vorbereitet, das Abendmahl genossen und seine bewußtlose Nichte besucht. Dennoch kam die Mitternacht, welche ihm zu dem blutigen Werke die geeignete Zeit schien, ohne daß sich draußen etwas regte. Eine Stunde nach der andern verging. Katharina war in einen Schlaf gesunken, den der Arzt als entscheidend für den Verlauf der Krankheit bezeichnete. In namenloser Seelenpein betete ihre Mutter für die Tochter und den Bruder zugleich.

Um drei Uhr früh, den siebenten December, zog die polnische „Guarnison" in aller Stille auf und postirte sich auf dem Markt. Zwei Stunden später betrat der Kapitain Zweymann mit dem Königlichen Fiscal und einiger Mannschaft das Haus des Präsidenten. Es war derselbe Offizier, der sich an dem Dr. Bogetius thätlich vergriffen hatte, wofür Rösner am lebhaftesten auf feine Bestrafung gedrungen. Der Groll darüber klang in dem kalten Ton, womit er sagte: „Es ist mir leid – ich bin aber hergeschickt, Sie abzuholen."

Frau Dorothea hing schluchzend und verzweifelnd am Halse ihres Bruders. Einige Freunde, welche die Nacht bei Rösner zugebracht hatten und ihn auf dem letzten schweren Gange begleiten wollten, vermochten nicht, sie von ihm zu entfernen. Da kam der Arzt mit der Nachricht: Katharina habe eben die Augen aufgeschlagen und die Mutter eilte an das Bett ihres Kindes.

Der Präsident versagte es sich, das Mädchen noch einmal zu sehen. Er nahm beweglich Abschied von den weinenden Umstehenden und verließ an der Hand seines Seelsorgers auf immer sein Haus. Wie er über die Schwelle trat, sich links wendend, nach dem Rathhause, in dessen innerm Raume er „aus sonderbarer Gnade in der Stille decolliret" werden sollte, kamen von der rechten Seite dazu commandirte Soldaten mit aufgesteckten Bajonetten und nahmen sein Eigenthum in Besitz. Ihn selbst incommodirten wieder Bernhardiner und Dominicaner auf dem kurzen Wege sowohl, den er inmitten einer Wache im Finstern zurücklegte, wie auf dem durch Fackeln erhellten Platz der Execution, so daß er zuletzt den commandirenden Major Darsle ersuchen mußte, ihnen Schweigen zu gebieten. Auf einem Sandhaufen war ein rothes Tuch ausgebreitet, darauf kniete Rösner, nachdem ihn sein Beichtvater gesegnet hatte und ihm die Augen verbunden waren, betend nieder und empfing bei den Worten: „Herr, meinen Geist befehle ich Dir" den Todesstreich*). Seine Leiche ward in den bereit gehaltenen Sarg gelegt und blieb bis zehn Uhr Vormittags aus dem Platz zur Schau ausgestellt, damit seine Feinde sich überzeugen konnten, daß er wirklich enthauptet worden sei. Darauf trugen ihn Bürger in sein Haus und nach einigen Tagen ward er in der Georgenkirche vor dem Culmischen Thor im Stillen beigesetzt.

*) Das Schwert, womit er enthauptet und das rothseidne Tuch, womit ihm die Augen verbunden worden, befindet sich in der Rathsbibliothek und wird gewöhnlich zuerst den Fremden gezeigt, welche die Merkwürdigkeiten der Stadt sehen wollen. Und die alten Thürmer erzählen geheimnißvoll, daß auf dem innern Platze des Rathhauses alljährlich in der Nacht des siebenten December noch einmal vorgehe, was einst dort gefrevelt worden.

Im Beisein der drei Commissarien: Adam Wilkowski, Unterkämmerer v. Sochaczew, Anton Topolski und Lojacki wurde die Hinterlassenschaft des Todten inventirt. Jeder der Herrn hatte sich zwar für die Mühe 2100 Gulden ausbedungen, nahm aber doch noch Verschiedenes zum Andenken mit sich. Silbergeräth, Ringe, Uhren – Alles konnten sie brauchen, selbst seidne Schnupftücher und Schlafmützen. Auch von der Menge des vorhandenen Hausgeräthes: Spiegel, Bilder, Pferdegeschirr, Wagen, Schaffe, Stühle, Bücher, Karten – unter denen sich ein großer kostbarer Atlas befand – Kleider, Leinenzeug, Betten, Kupfer, Zinn und Messing, Porzellan und Holländisch Geräth, Messer u. s. w. taxirten *sie Manches und schickten es in ihr Quartier, gaben aber kein Geld. Schließlich eignete sich noch Jeder von ihnen eine vergoldete silberne Kanne an.*

Das zahlreiche Gefolge der Commissarien wollte sich, nach dem Exempel der Herrn, auch nicht ganz vergessen. Der Diener Lubomirski's, welchem der Anfall auf Kellingen nicht geglückt war, befand sich unter denen, die am eifrigsten nach verborgenen Schätzen im Trauerhause umherstöberten. In einem Schranke entdeckte er einige kleine Pfefferkuchen, die ihm, der sorgfältigen Aufbewahrung nach, sehr delicat erschienen. Gierig verzehrte er sie mit einem Kameraden, befand sich darnach aber bald sehr übel. Die Pfefferkuchen waren zur Vertilgung der Ratten bestimmt und mit Arsenik präparirt gewesen. Der Mensch aß sich daran den Tod – sein Gefährte kam nach furchtbaren Schmerzen mit dem Leben davon. Zuerst glaubten die Polen, die Lutherischen hätten die Absicht, sie insgesammt zu vergiften, bis die Untersuchung der nähern Umstände die Grundlosigkeit dieser Befürchtungen ergab. –

Bei Tagesanbruch wurden die Stadtthore nur geöffnet, um die auf den Gütern der Commune in Quartier liegenden Truppen einzulassen. Die Kaufläden blieben geschlossen; Niemand getraute sich auf die Straße; Jedermann betete im Kreise der Seinen für die Seelen der Delinquenten und harrte mit Zagen dessen, was dieser unglückliche Tag – Ninive stand im Kalender – noch über die Stadt und ihre Bewohner bringen würde. Es hieß: Lubomirski habe in seinem Haß gegen Thorn und in dem Eifer, sich der Gnade der Mutter Gottes recht würdig zu machen, dem commandirenden Offizier vorgeschlagen, die Stadt dem Towarziczen zur Plünderung preiszugeben. Es sei zwar abgelehnt worden, allein deswegen fühlten sich die Einwohner doch nicht sicher.

Um neun Uhr begann die Hinrichtung der neun verurtheilten Bürger. Die Geistlichen, welche sie zum Schaffot begleiteten und ihnen bis zum letzten Augenblick Trost zusprachen, wurden von dem zahlreich herbeigeströmten Pöbel und den Mönchen beschimpft und bedroht. Die Bernhardiner und Dominicaner setzten noch den Sterbenden zu, namentlich suchten sie den Schuhmacher Wunsch zum Religionswechsel zu bewegen, als er schon niedergekniet war, den Todesstreich zu empfangen. Nicht minder eifrig ermahnten ihn aber die lutherischen Prediger zur Standhaftigkeit und er starb auch mit dem Ruf: „Herr Jesu, Dir leb ich" u. s. w. Die Mönche, darüber erbittert, schalten die Geistlichen: Verführer und Seelenmörder und Einer rief: „Diese Schwarzröcke hätten verdient, mit den Gotteslästerern zu sterben!" Der Commandirende gebot ihnen zuletzt Schweigen, gab auch später den Predigern eine Escorte mit, um sie auf dem Heimweg zu schützen.

Die neun Männer endeten muthig und gefaßt — meist mit unverbundenen Augen. Härtel sagte zu seinem Genossen, als er den Tod des Präsidenten erfuhr: „Gottlob, unser unschuldiger Vater hat überwunden, laßt uns ihm fröhlich folgen." Und doch war genug vorhanden, was die Sündhaftigkeit der Aermsten erschüttern konnte. Die unmenschliche Rohheit, womit sie buchstäblich zu Tode gemartert wurden, empörte selbst fanatische Katholiken. Der Scharfrichter aus Plock, dem die Execution oblag, hatte, als er sich in Branntwein Courage trank,

96

des Guten zu viel gethan. Die Unglücklichen wurden nicht auf den ersten Streich getödtet, Manche nicht einmal auf den zweiten. Ebenso hieb er denen, welche zum Verlust der Rechten verurtheilt waren: Hafft, Schultz, Karwies und Gutbrod, die Hände nicht mit einem Mal ab und ließ dann eine Weile verstreichen, bevor er ihnen die Köpfe abschlug. Und die Folgenden mußten die Qual ihrer Vorgänger ansehen, über deren zuckenden Körper fortschreiten, in ihrem dampfenden Blut waten und niederknieen! Nach der Viertheilung des Karwies trieb der Henker mit dessen Gliedern den schandbarsten Spott, zeigte auch den Umherstehenden das blutige Herz desselben, indem er ausrief:

„Sehet da ein lutherisch Herz!" In der That war ihr Glaube ihr einziges Verbrechen gewesen. – Die Leichname wurden den Familien geschickt, welche sie in der Stille begraben ließen, die vier abgehauenen Hände verbrannte der Henker.

Acht Wittwen, achtundzwanzig Waisen und die siebzigjährige Mutter des Karwies wehklagten um die schmählich Gemordeten.

Die polnischen Fahnen, welche vorhin, aus Furcht vor einem Auflauf, das Schaffot umgeben und die Zugänge zum Markt besetzt hatten, faßten nun Posto bei der Marienkirche und dem Gymnasio, wozu der Königliche Instigator dem Rath die Schlüssel abforderte. Vergebens waren alle Einwände – es mußte gehorcht werden. Die Geistlichen, einige Commissarien, viele polnische Adelige und eine Menge katholisches Volk begab sich ungestüm in die Kirche, welche der Suffraganeus von Culm ausräucherte, um sie von dem ketzerischen Geruch vorläufig zu purisiciren. Die Barfüßer nahmen sie sofort in Besitz und lasen die erste Messe, während die Jesuitenschüler mit bloßen Säbeln Wache standen. Am folgenden Tage, Maria Empfängniß, weihte man die Kirche durch einen feierlichen Gottesdienst wieder dem katholischen Cultus. In das Gymnasium waren Jesuitenschüler schon mehre Tage vorher eingedrungen und hatten den Unterricht gestört, so daß zuletzt die Stadtwache sich einmischen mußte. Die Professoren hatten es schon geräumt, jetzt zog auch der Rector aus seiner trefflich eingerichteten Wohnung und die Barfüßer nahmen die schönen Räume mit Behagen ein. Der Unterricht der evangelischen Schüler wurde in das nahe Oekonomiegebäude verlegt, worin sonst Freischüler Unterkunft gehabt hatten und blieb darin bis auf die jüngste Zeit, in welcher man ein sehr schönes und umfangreiches Gymnasium erbaute.

Gegen Abend wurden die Knechte und Jungen abgestraft und bei der Gelegenheit erhielt auch der Scharfrichter wegen der übel verrichteten Execution und des dabei getriebenen ärgerlichen Gespöttes achtzehn Schläge mit dem Raband, einer aus Stricken zusammengeflochtenen dicken Geißel. So schloß dieser siebente December 1724. –

Der Vicepräsident ward vom König begnadigt – selbst die Jesuiten hatten für ihn ein Fürwort eingelegt – gegen eine Strafsumme von 60,000 Gulden. Er zog mit seiner Familie nach Danzig. –

Kolorierte Postkarte von der Marienburg. Repro: Blazek

Postkarte von Tolkemit, undatiert. Repro: Blazek

Der Skurczer Knabenmord

Hugo Friedländer gab 1908 den ersten Band der „Kulturhistorischen Kriminal-Prozesse der letzten vierzig Jahre" heraus. Darin widmete er sich dem rätselhaften Knabenmordprozess vom Jahre 1885.[143]

Der Skurczer Knabenmord.

Am Morgen des 22. Januar 1884 wurde außerhalb des Weichbildes des Dorfes Skurcz bei Preußisch-Stargard unter einer Brücke die furchtbar zerstückelte, vollständig nackte Leiche des vierzehnjährigen Knaben O n o f r y   C y b u l l a gefunden. Der Knabe war regelrecht geschlachtet worden. Der Hals war bis auf die Wirbelsäule durchschnitten, auf dem rechten Arm waren sieben tiefe Einschnitte. Die Oberschenkel waren kunstgerecht vom Oberkörper und den Unterschenkeln abgetrennt und, ebenso wie die Kleidung und Wäsche des Knaben, spurlos verschwunden. Der Knabe verdiente sich Geld durch Flaschenspülen und Austragen von Backwaren. Außerdem handelte er mit Ziegenfellen.

Der Mord rief begreiflicherweise in dem zumeist von polnisch redenden Leuten bewohnten Dorfe eine furchtbare Erregung hervor. Da einige Leute gehört haben wollten, daß der Knabe am Abend vorher von dem jüdischen Kaufmann Joseph in den Laden gerufen worden sei, so verbreitete sich sehr bald die Mär, der Knabe sei zu rituellen Zwecken v o n   d e n   J u d e n   g e s c h l a c h t e t worden. Obendrein wurde wahrgenommen, daß in der Mordnacht im Stall bei Joseph es „gespukt" haben müsse, denn es seien einige Latten umgefallen und auch ein großer Topf mit Blut sei gefunden worden. Das Dienstmädchen von Joseph war in der Mordnacht zum Tanz gewesen. Als es am andern Morgen von dem Morde hörte, lief es eiligst zum Ortsvorsteher und sagte diesem, um keinen Preis der Welt bleibe es länger bei Joseph. Als es gegen 2 Uhr nachts nach Hause gekommen sei, habe es ein furchtbares Gepolter und bald darauf ein schreckliches Heulen gehört. „Buh" habe es gemacht. Am Abend vor dem Morde seien auch mehrere Juden bei Joseph gewesen und haben vom Schlachten eines Christenkindes gesprochen. Am Morgen nach dem Morde haben bei Joseph mehrere Juden, unter diesen Joseph und seine Frau, an einem Tisch gesessen, auf dem die fehlenden Oberschenkel des Ermordeten lagen. Die Männer haben mit dem Hut auf dem Kopf am Tisch gesessen, die Hände auf die Oberschenkel des Ermordeten gelegt und laut hebräisch gebetet. Höchst wahrscheinlich wollten die Juden, so bemerkte das Dienstmädchen, an den Oberschenkeln ihre Sünden abbeten."

Diese Angaben des Mädchens fanden im Dorfe vollen Glauben; es kam aus diesem Anlaß zu einer regelrechten Revolte gegen die Juden. Man demolierte die Läden und Wohnungen der Juden. J o s e p h   u n d   d e r   H ä n d l e r   A b r a - h a m wurden wegen Verdachts des Mordes i n   H a f t genommen, letzterer, weil er eine Verletzung am Finger hatte. Abraham soll dem Ermordeten einmal ge-

---

[143] Friedländer, Hugo, Kulturhistorische Kriminal-Prozesse der letzten vierzig Jahre, Bd. 1, Berlin 1908, S. 54-57. Die Gerichtsverhandlung vom April 1885: Friedländer, Hugo, Interessante Kriminal-Prozesse von kulturhistorischer Bedeutung, Band 7, H. Barsdorf, 1912, S. 63-116.

droht haben, ihn anzuzeigen, daß er mit Ziegenfellen handle, obwohl er keine Gewerbesteuer zahle. Die weitere Untersuchung ergab jedoch keinerlei Anhaltspunkte für die Schuld der Inhaftierten. Abraham konnte sein Alibi nachweisen. Außerdem wurde festgestellt, daß Abraham sich die Verletzung des Fingers bei einem Sturz zugezogen hatte. Das bei Joseph vorgefundene Blut wurde zu dem Gerichtschemiker Dr. Carl Bischoff nach Berlin gesandt. Dieser stellte fest, daß das Blut Ochsenblut war. Joseph konnte auch nachweisen, daß er einige Tage vor dem Morde ein junges Rind hatte schlachten lassen. Joseph und Abraham wurden nach einigen Wochen aus der Untersuchungshaft entlassen.

Dagegen machte sich Fleischermeister B e h r e n d durch Redensarten und verschiedene andere Dinge verdächtig. Der vom Minister des Innern und dem Justizminister nach Skurcz entsandte damalige Kriminalkommissar Höft (Berlin) schritt schließlich zur Verhaftung des Behrend. Letzterer wurde beschuldigt, den Knaben ermordet zu haben, um den Mord den Juden in die Schuhe zu schieben und dadurch eine Judenhetze in die Wege zu leiten.

B e h r e n d hatte sich im April 1885 vor d e m S c h w u r g e r i c h t Danzig wegen Mordes zu verantworten. Der Vater des Ermordeten bekundete, sein Sohn habe nicht einen Pfennig Geld bei sich gehabt; wenn der Mörder den Knaben habe berauben wollen, dann könne er es höchstens auf das neue Hemd, das er seinem Sohne einige Tage vorher für zwei Mark gekauft hatte, abgesehen haben. Es wurde außerdem festgestellt, daß ein Mord aus Rache ausgeschlossen sei. Der Ermordete sei sehr gutmütig gewesen und habe niemandem etwas zuleide getan. Die medizinischen Sachverständigen stellten fest, daß auch ein Lustmord nicht vorliege. Das erwähnte Josephsche Dienstmädchen wiederholte vor den Geschworenen seine Bekundungen und ahmte auch das Heulen („Buh") nach. Es wurde festgestellt, daß wenige Minuten, nachdem das Mädchen nach Hause gekommen war, ein bei Joseph arbeitender Maurer in angetrunkenem Zustande auf dem Boden seine Schlafkammer aufgesucht habe. Bei dieser Gelegenheit sei er einige Stufen hinuntergefallen. Dies war das Gepolter, das das Mädchen gehört hatte. In der Mordnacht hatte außerdem ein außergewöhnlich heftiger Sturmwind getobt. Er blies jedenfalls durch die Bodenfenster und hat das Heulen verursacht. Aber auch gegen Behrend reichte das Belastungsmaterial nicht aus, er wurde nach fünftägiger Verhandlung freigesprochen.

Der Mord ist bis heute unaufgeklärt geblieben.

Westpreußen in den Amtsblättern

Amtsblatt der Königlichen Regierung zu Danzig (Danzig 1816-1920):

Auszug aus dem Öffentlicher Anzeiger des Amtsblatts der Königlich Preußischen Regierung Danzig, Ausgabe 27/1836 (Danzig, Elbing, Berent, Dirschau, Schöneck, Tiegenhoff)

Alle Regierungsbezirke veröffentlichten ein Amtsblatt seit 1811 (Danzig seit 1816). Die Amtsblätter der preußischen Regierung sind die Mitteilungsblätter der Regierungs- und Verwaltungsbehörden in den einzelnen Regierungsbezirken beziehungsweise Regierungsstellen. Sie sind eine unverzichtbare Quelle für die Erforschung der preußischen und der deutschen Geschichte vom Beginn des 19. Jahrhunderts bis in die Zeit des Nationalsozialismus. Die gesamte Gesellschaftsgeschichte bis zur Alltagsgeschichte spiegelt sich in den Amtsblättern wider und ist in vielerlei Hinsicht nur mit Hilfe dieser Quelle wissenschaftlich zu rekonstruieren.

Besonders hervorzuheben ist der unersetzliche Quellenwert der preußischen Regierungsamtsblätter für die Erforschung der geschichtlichen Lebensbereiche, die im besonderen Maße staatlichem Einfluss und behördlicher Regulierung unterlagen. Darüber hinaus betreffen Verordnungen und Mitteilungen in den Amtsblättern auch die geschichtlichen Lebensbereiche Alltag und Freizeit und sind damit auch Quelle für Ereignisse, die sich im täglichen Leben eines Gemeinwesens oder einer Region abgespielt haben.

Beispiel: Inhalt der Ausgabe 27/1836 (vier Seiten):

Danzig, Langgasse, Konditor Perlin, Erbenverkauf
Danzig, Vorstadt Neugarten, Apotheker Kleinfeldt, Grundstücksverkauf,
Danzig, Vorstadt Neugarten, Nachlass Adler, Grundstücksverkauf,
Danzig, Tagnetergasse, Bäckermeister Martens, Grundstücksverkauf,
Danzig, im Schwarzen Meer unter der Vigilenz in der Rosenstr., Fuhrmann Hein, Grundstücksverkauf,
Danzig, Speicherinsel, Milchkannengasse, Kaufmann Wendt Konkursmasse,
Elbing, Schumacher Peter, Grundstücksverkauf,
Terranowa, Elbing, Eheleute Büttner, Grundstücksverkauf,
Elbing, Eheleute Worszun, Grundstücksverkauf,
Elbing, Bäckermeister Gutt, Grundstücksverkauf,
Berent, am Mühlenfluss, Maurermeister Dolleiser, Grundstücksverkauf;
Tiegenhoff, Nachlass Runge, Grundstücksverkauf,
Dirschau, Vor dem Mühlentor, Garten des Lindenblatt, Verkauf,
Dirschau, Erbpachtgerechtigkeit Klein Trampen, Jacob Ziesmer, Verkauf,
Schöneck, Vorwerk Czernikau, Verkauf,
Danzig, Schnüffelmarkt 653, Rossmühlenverkauf,

215

No. 703. Das dem Eigenthümer Gottfried und Elisabeth geborne Gräz Büttnerschen Eheleuten und den Christoph und Christine geborne Boldt Büttnerschen Eheleuten gehörige in Terranowa sub Litt. C. I. 12 belegene Grundstück, welches gemäß gerichtlicher Taxe resp. auf 876 Rthlr. 20 Sgr. und 480 Rthlr. abgeschätzt worden, soll im Wege der nothwendigen Subhastation in dem auf den 10. September c. Vormittags 11 Uhr vor dem Deputirten Herrn Stadt=Gerichts=Rath Klebs an hiesiger Gerichtsstäte anstehenden Lizitations=Termin verkauft werden. Die

Taxe des Grundstücks und der neueste Hypothekenschein können in unserer Registratur inspicirt werden.

Elbing, den 6. Mai 1836. Königl. Stadt=Gericht.

No. 704. Das den Friedrich und Maria geborne Maderkopf Worszunschen Eheleuten gehörige, hieselbst sub Litt. A. VII. 8 belegene Grundstück, abgeschätzt auf 76 Rthlr. 1 Sgr. soll in dem auf den 10. October c. Vormittags um 10 Uhr im Stadtgericht vor dem Deputirten Herrn Stadtgerichtsrath Albrecht anberaumten Termin an den Meistbiethenden verkauft werden. Die Taxe und der neueste Hypothekenschein können in der Stadtgerichtsregistratur eingesehen werden.

Zu dem anstehenden Termin werden zugleich die unbekannten Erben der verehelichten Meta v. Heyendorff geborene Abegg hiedurch öffentlich vorgeladen.

Elbing, den 28. Mai 1836.Königl. Stadtgericht.

No. 705. Das dem Bäckermeister Heinrich Gutt zugehörige Grdunstück hieselbst sub Litt. A. III. 71 abgeschätzt auf 961 Rthlr. 25 Sgr. soll in dem auf den 8. October c. Vormittags 11 Uhr im Stadt=Gericht vor dem Deputirten Herrn Stadt=Gerichts=Rath Klebs anberaumten Termin an den Meistbiethenden verkauft werden. Die Taxe und der neueste Hypothekenschein können in der Stadt=Gerichts=Registratur eingesehen werden.

Elbing, den 3. Juni 1836. Königl. Stadt=Gericht.

No. 706. Auf Antrag der Maurer Johann Dolleiserschen Erben soll der hierselbst am Mühlenfluß gelegene auf 33 Rthlr. 10 Sgr. taxirte Bau=Platz nebst Garten ingleichen auf Antrag der Anna Maria Klamillerschen Erben das zum Nachlaß gehörige in Klodezin gelegene Kathenhaus, taxirt zu 18 Rthlr. im termino dem 9. September d. J. im hiesigen Gerichtslokal öffentlich an die Meistbietenden verkauft werden. Die Taxe liegt in der Registratur zur Ansicht bereit und die Kaufbedingungen werden im Termine bekannt gemacht. Zugleich werden alle unbekannten Real=Prätendenten dieser Grundstücke bei Vermeidung der Präklusion und Auferlegung eines ewigen Stillschweigens hierzu mit vorgeladen.

Berent, den 25. März 1836.   Königl. Land= und Stadt=Gericht.

No. 707. Das zum Michael Rungeschen Nachlaß gehörige in Tiegenhoff unter der No. 162 belegene Grundstück, bestehend aus Wohnhaus und Garten, abgeschätzt auf Rthlr.

[Ende S. 215.]

Zu No. 704 liegen nähere Hinweise auf die Familie vor: Meta von Heygendorff, geborene Abegg (* Elbing 16. April 1810, † Dresden 23. Mai 1835), war die erste Ehefrau von Carl von Heygendorff (* Weimar 25. Dezember 1806, ein Taufpate war Goethe, † Dresden 17. Februar 1895), eines außerehelichen Sohnes des Großherzogs Karl August von Sachsen-Weimar-Eisenach und der Schauspielerin Karoline Jagemann und Generalmajors im Dienst des Königs von Sachsen. Beide hatten in Mannheim am 1. Juni 1831 geheiratet und gemeinsam drei Kinder bekommen. Bei der Geburt des letzten starb die Mutter.[144]

---

[144] Vgl. Ruth B. Emde: Selbstinszenierungen im klassischen Weimar: Caroline Jagemann – Biography & Autobiography, Göttingen 2004.

Beispiel eines westpreußischen Dorfes:
Raikau (*Rajkowy*)

Otto Korthals (1897-1978), Träger der Westpreußen-Medaille (1976), bezeichnet den im Mewer Land (Pommerellen) befindlichen Ort Raikau (Reckow, Reckaw, Rajkowy), nach Subkau das größte Dorf des Kreises Dirschau (*Tczew*), als „geschichtlich interessanten Ort". Korthals, der als Schulleiter der Eichendorff-Schule von Dirschau 1934 deren Einweihung vornahm,[145] liefert die einzige ausführliche Beschreibung des Straßen- und Kirchdorfes fünf Kilometer nördlich von Pelplin.[146]

Raikau heute (2. April 2007). Foto: Andreas Miler

Deutsche Spuren sind kaum noch vorhanden, und Recherchen von deutscher Seite sind kaum zu erkennen, zumal nur wenige deutsche Großfamilien das Dorfleben mitgestalteten. Polnischstämmige Familien scheinen teils nur vorübergehend in den Landwirtschaften zuhause gewesen zu sein, ehe sie verzogen oder gar auswanderten. Nach der Zuordnung zum Polnischen Korridor im Jahre 1920 verlieren sich die Hinweise auf die früheren deutschen Bevölkerungsteile mehr und mehr.

Raikau gehörte im Hochmittelalter mit Bresnow, Storkow und Sarow (untergegangene Orte bei Raikau), Brust, Irsignin und Starrenczyn zur Curie Radostow. Sambor I., welcher noch unter dem Namen eine polnischen Präfekten oder Statthalters 1178-1207 Herzog von Danzig war, hatte dieses Gebiet im Jahre 1178 dem Kloster Oliva gegeben.[147]

---

[145] Deutsche Schulzeitung 15 (1934/35), S. 166 f., „Die Eichendorff-Schule in Dirschau eröffnet".
[146] Korthals, Otto, Chronik des Kreises Dirschau, Witten 1969. Vgl. Schultz, Franz, Geschichte des Kreises Dirschau, Dirschau 1907.
[147] Altpreußische Monatsschrift, Königsberg i. Pr. 1867, S. 502.

Der Ort zählt zu den alten Zinsdörfern bei Mewe. Da die Besitzverhältnisse des Ortes in ältester Zeit ungeklärt waren, wird er des Öfteren in alten Urkunden erwähnt. Zum ersten Mal wurde der Name laut Kloster-Chronik 9. August 1224 urkundlich erwähnt, als Herzog Sambor II., der damals noch in Liebschau residierte, dem Kloster Oliva neben dem Dorf Radostowo (Rathstube) noch einen Teil der Dorfflur von Raikau, nämlich zehn Hufen Land, in „villam Raycow" verlieh.[148]

Anscheinend hatte Herzog Sambor II., der später Streitigkeiten mit dem Kloster hatte, die Schenkung zurückgezogen; denn 1245, als er in der Verbannung lebte, bestätigte er dieses Dorf Raikau mit anderen Orten seiner eigenen Stiftung Pelplin. Doch hatte das Pelpliner Kloster weder auf Rathstube noch auf Raikau Ansprüche erhoben, sondern erkannte die älteren Rechte des Olivaer Klosters an.

Mit Urkunde vom 24. März 1276, ausgestellt in Elbing, bestätigte Herzog Sambor von Pommern dem nach Pelplin verlegten Kloster Samboria die Dörfer Mahlin, Gollubien, Gardschau, Berruschau, Raikau, Rathstube, einen Strich an der Ferse, die Mühle Spangau und die Schenkung Mestwins im Lande Thymau.[149]

Am 23. Juni 1289, nach Sambors Tod, schenkte dessen Nachfolger, Herzog Mestwin II., den Klosterbrüdern das ganze Dorf Raikau. 1292 bestätigte er dem Olivaer Kloster den Besitz der beiden Ortschaften Rathstube und Raikau, was er den folgenden Jahren noch einige Male wiederholte. So blieb Raikau unter der Herrschaft dieses Klosters bis zur Säkularisation aller Klostergüter zur Zeit Friedrichs des Großen.

Mit Urkunde vom 18. November 1292, ausgestellt in Schwetz, bestätigte Herzog Mestwin von Pommern dem Kloster Oliva die Dörfer Raikau, Rathstube, Bresnau, Osterwiek und Schönwalring.[150]

Herzog Przemysław der großpolnischen Linie der Piasten wurde am 26. Juni 1295 als erster fremdländischer Regent Pommerellens zum polnischen König gekrönt. Das Kloster Zuckau, das etwa zur gleichen Zeit wie Oliva Siedlungstätigkeiten einleitete, erwirkte bei Przemyslaw die Erlaubnis, Dörfer mit deutschem Recht auszustatten, wobei dem Kloster die Auswahl zwischen den bestehenden deutschen Rechten freigestellt wurde.

Przemyslaw wurde 1296 ermordet, und als 1309 ganz Kaschubien und Pommerellens, was dieser 1295 geerbt hatte, bis auf den Kreis Flatow wieder verloren ging, wurde dieser zu Groß-Polen geschlagen. Vom Sommer des Jahres 1295 sind uns zahlreiche Urkunden Przemyslaws erhalten, in denen er für die Klöster

---

[148] „... grangiam Starin cum villa eiusdem nominis et hereditatem Messyn, grangiam eciam Radostowe et villam Raycow, Hostritza, Scowernicow, cuius termini sunt usque in Mutlawam, cum omnibus pratis in ipsorum partibus circa Mutlauam ..." (Perlbach, Max [Bearb.], Pommerellisches Urkundenbuch, Danzig 1882, S. 324; vgl. ZWestprGV, Danzig 1934, S. 20, 27, 41).

[149] Perlbach, wie oben, S. 235.

[150] Perlbach, wie oben, S. 440.

Oliva, Pelplin, Buckow, Zuckau und die Johanniter Urkunden ausstellte oder alte, darunter auch Fälschungen, bestätigte.

Gründungen von deutschen und deutschrechtlichen Dörfern erfolgten erst im 14. Jahrhundert. Raikau wurde zwischen 1295 und 1314 mit deutschen Neusiedlern besetzt. Da das neue Dorf in einiger Entfernung zum alten slawischen Dorf gleichen Namens angelegt wurde, konnte man dies als eine Gründung „aus wilder Wurzel" bezeichnen. Die Besiedlung zog sich jedoch über mehrere Jahre hin; erst 1314 erhielt Raikau eine Gründungsurkunde („Handfeste"). Zwei Jahre später, 1316, erscheint in den Urkunden das Klosterdorf Schönwarling auf der Danziger Höhe als deutschrechtliches „Hufendorf" – die „Hufe" war das deutsche Landmaß im Unterschied zum slawischen „Haken" –, ein „Angerdorf".[151]

Die alte Dorfkirche überragt den Ort. Foto: Andreas Miler

Der Johanniterbesitz in Pommerellen bedeutete von seinen Aufgaben her gesehen keine Konkurrenz für den Deutschen Orden. Im Jahre 1320 antworteten die Johanniter auf ein gerichtliches Vorgehen des Bischofs, sie plünderten die bischöflichen Güter Raikau, Subkau, Mühlbanz, Mahlin, Mestin, Gemlitz und Gardschau, nahmen den bischöflichen Prokurator und den Pfarrer von Mühlbanz gefangen und raubten wenig später einen weiteren Prokurator und Geistlichen aus der Umgebung des Bischofs aus.[152]

---

[151] Neumeyer, Heinz, „Pommerellen und die deutsche Volksgruppe", in: Westpreußen, Geschichte und Schicksal, München 1993, S. 77.
[152] Arnold, Udo (Hrsg.), Ordensherrschaft, Stände und Stadtpolitik – Zur Entwicklung des Preußenlandes im 14. und 15. Jahrhundert, Lüneburg 1985, S. 15.

Raikau hatte eine alte Kirche, deren Gründungsjahr nicht bekannt ist. Die offizielle Webseite der Stadt Pelplin nennt das Jahr 1282 als Gründungsjahr der Pfarrei. Ortspfarrer werden aber erst in Dokumenten der Jahre 1321 und 1439 erwähnt. Erzbischof Janislaus von Gnesen, Bischof Domaratus von Posen und Dekan Nikolaus von Gnesen beauftragten als deputierte apostolische Richter mit Urkunde vom 26. Februar 1321, ausgestellt zu Brest (*Brześć Kujawski*), die Rektoren von Mewe und Raikau, die Johanniter von Liebschau wegen ihres Prozesses mit dem Bischof von Leslau zu einem Termin vorzuladen.[153]

Raikau erscheint im Großen Zinsbuch des Deutschen Ritterordens 1437/38 mit 109 ½ Zinshufen (zu 7 1/2 ...).[154]

Zur Zeit der Reformation ging die Raikauer Kirche 1566 in den Besitz der Protestanten über und blieb in deren Händen rund 30 Jahre, bis sie 1597 durch den von 1581 bis 1600 amtierenden Bischof von Kujawien, Hieronim Rozrażewski, den Katholiken zurückgegeben wurde.

Im Jahr 1656 erfolgte ein vergeblicher Versuch der Danziger, Dirschau zu nehmen. 1658 ereignete sich ein Gefecht bei Lunau. 1659 Dirschau von den Schweden erobert, und 1710 grassierte dort Pest in Dirschau – alles Ereignisse, die auch Einschnitte im dörflichen Leben von Raikau bedeuteten.[155]

Über die kriegerischen Ereignisse des 17. Jahrhunderts in dieser Gegend heißt es in der Altpreußischen Monatsschrift: [156]

Dirschau selbst wurde 1656 von den Danzigern zu nehmen gesucht, aber vergeblich. Im folgenden Jahre drang ein polnisches Heer über Konitz her in den Stargarder Kreis, um Dirschau zu nehmen, wurde jedoch von den Schweden zerstreut; das Fußvolk floh nach Danzig, die Kavallerie nach Konitz. – Ein im folgenden Jahre von Seiten der Danziger gemachter Versuch Dirschau zu nehmen mißglückte ebenfalls. Das polnische Heer hatte sich 1658 zwischen Lunau und Lübschau verschanzt und wurde hier von dem schwedischen Generalstatthalter angegriffen und aus den Schanzen bei Lunau vertrieben, doch setzten sich die Schweden nicht in den Besitz Dirschaus. Erst im Jahre 1659, Anfangs Februar drang ein neues schwedisches Heer aus dem Brandenburgischen wieder in den Kreis Stargard ein und zwang Dirschau zur Uebergabe, brandschatzte die Umgegend auf das Schrecklichste, legte sich im Stargarder Kreis in die Winterquartiere und sog die Gegend ganz aus. Im Mai dieses Jahres machten sich die Schweden auch an die Eroberung Stargard's, welches sich gegen sie hielt, aber doch endlich vom Generalmajor v. Bülow erobert und mit einer Besatzung belegt wurde.

---

[153] Preußisches Urkundenbuch 2.327.

[154] Bahr, Ernst, „Ländliche Siedlungen im Gebiet der ehemaligen Komturei Mewe vom 15. bis zum Ausgang des 18. Jahrhunderts", in: BGW 4, Münster 1973, S. 33-109, hier: S. 65. Vgl. Cieślak, Edmund, Historia Gdańska (Geschichte Danzigs), Tom I: do roku 1454, Sopot 1978, S. 33-35.

[155] Altpreußische Monatsschrift, N.F. Bd. 6 (= Preußische Provinzial-Blätter Band 72), Königsberg i. Pr. 1869, S. 298.

[156] Deutsche Gesellschaft (Hrsg.), Altpreußische Monatsschrift, Königsberg 1867, S. 609.

So war der ganze Kreis in den Händen der Schweden. Später verließen sie diese Gegenden, nachdem sie Dirschau geschleift hatten.

Zu den Schrecken des Krieges gesellte sich noch eine Pest, welche von 1652–54 in unsern Gegenden wüthete. Erst der Friede zu Oliva 1660 machte den Kriegsgräueln ein Ende.

Welches Bild der Zerstörung bot damals der Stargarder Kreis! Ein großer Theil der Ortschaften war zerstört, auf manchen Feldmarken war üppiges Dickicht aufgeschossen. Czarnilaß, Dombrowken, Gardczau, Iwitzno, Kokoschken, Lübschau, Lunau, Linsitz, Lubbichow, Ponschau, Mlinsk, Rokittken, Riwalde, Wda, Wilczeblott, Wissoka, Bobau, Wollenlhal, Zellgosz, Zblewo, Zimnisdroie, Zeisgendorf u. a. waren von den Schweden vernichtet. Erst allmählich wieder wurden diese Orte angelegt. Viele Dörfer sind nicht mehr restituirt ...

Der ganze Ort scheint nicht ständig Eigentum des Klosters Oliva gewesen zu sein, denn ein Teil gehörte im 17. Jahrhundert zur Starostei Mewe, das mehrere Privilegien für einige Bewohner des Ortes ausgestellt hatte. Ein Privileg vom Jahre 1671 wurde von dem Generalfeldmarschall und damaligen Starosten von Mewe (1667 bis 1696), dem späteren polnischen König, Johann III. Sobieski (1629-1696), unterzeichnet. Es war für acht deutsche Bauern ausgestellt, die alle deutsche Namen trugen, was wiederum den deutschen Charakter des Ortes beweist. Das Privileg richtete sich an die Einsassen Bela, Klug, Riffmann, Romsa, Cink und drei andere. Darin wurde zum Ausdruck gebracht, dass die Verwüstung durch den Krieg bekannt sei, nur wenige Gebäude stehen geblieben und die Felder mit Heidekraut bewachsen seien, sodass kein Getreide ausgesät werden könne. Die Neuverpachtung wurde nach der Thronbesteigung Sobiskis vom König bestätigt.

Ein weiteres Privileg des Starosten Michael Zamojski († 1734) aus dem Jahre 1709 trägt ebenfalls den schlechten Zeiten und den kriegerischen Umständen Rechnung und erkennt an, dass die Bauern nicht in der Lage waren, die gehörigen Zinsen zu zahlen.

Das monumentale Tor zum Friedhof. Foto: Andreas Miler

107

In den Jahren 1705-1721 wurde in Raikau auf Initiative der Pfarrer Jana Rówkowicza und Szymona Ćwiklińskiego an der Stelle des Vorgängerbaus (auf einem Hügel) eine neue Kirche erbaut.[157] Die Kirchenbücher der katholischen Kirche zu Raikau liegen seit dieser Zeit vor: katholische Trauungen 1719-1751 und 1790-1899, Taufen 1718-52, 1791-1874, Sterbefälle 1853-1910. Das 150 Jahre später begonnene Standesamtsregister (Zivilstandsregister, ab 1873) wird im Staatsarchiv Danzig verwahrt.[158]

Von den alten Zinsdörfern der Komturei gehörten bei der Lustration von 1765 nur Raikau, Sprauden, Thymau, Pehsken, Jellen und Rakowitz zum Güterschlüssel Mewe. Gremblin, Rauden, Liebenau und Janischau, stattliche Bauerndörfer auf dem fruchtbaren Höhenrand vor der Weichselniederung, gingen seit langem eigene Wege als Gratialdörfer (über welches der Gratialbesitzer die eingeschränkte Gerichtsbarkeit hatte) im Pacht- oder Pfandbesitz von bedeutenden Adligen.[159]

Zur Zeit der Besitzergreifung Westpreußens waren noch große Teile des Landes von Deutschen besiedelt, die teils alteingesessen, teils im Verlaufe von Binnensiedlungen in den vorangegangenen Jahrhunderten ansässig geworden waren. In den Kreisen Schwetz, Graudenz, Kulm, Wirsitz, Zempelburg betrug der Anteil deutscher Bevölkerung rund 50 Prozent, in den Kreisen Berent, Dirschau, Thorn, Bromberg 37 bis 30 Prozent, in den Kreisen Neustadt, Tuchel, Konitz, Karthaus, Pr. Stargard, Briesen 25 bis 20 Prozent, in den Kreisen Strasburg, Leipe, Rippin 15 Prozent und im Kreis Neumark fünf Prozent.[160]

Nachdem der Kreis Dirschau 1772 preußisch geworden war, wurde *Reykau* 1789 als königliches Dorf bezeichnet, zu dem eine Wassermühle und eine Schneidemühle gehörten. Häufig finden wir in Urkunden jener Zeit den Namen Ornas, und noch 1853 herrschte dieser Name bei der Ablösung der Meierverpflichtung vor. Die größten Besitzer waren: Buhrand in Ornaßowo, Hillar auf dem Freischulzengut, Joseph Ornas und Langmesser.

Das Gut Ornaßowo ist 1905 in den Besitz des Domänenfiskus übergegangen. In die Geschichte ist der Ort auch dadurch eingegangen, dass der Schwedenkönig Gustav Adolf, der des Öfteren in Dirschau weilte, u. a. auch bei Raikau ein Treffen mit dem Feind hatte.

Der Westturm der Kirche wurde erst 1783 oder 1787 errichtet. 1796 arbeitete die Raikauer Kirche als Krankenhaus. Die Kirche von Klonowken war früher

---

[157] Staatsarchiv Danzig: Personenstand, Standesrgister, Raikau, Kr. Preußisch Stargard, katholische Kirche (Rajkowy, p. Starogard Gdański, Kosciól katolicki) 1719-1852, BZR (Biskupim Archiwum Centralnym w Ratyzbonie).

[158] Staatsarchiv Danzig, APG 1566 und APG 2130.

[159] Bahr, Ernst, „Ländliche Siedlungen im Gebiet der ehemaligen Komturei Mewe vom 15. bis zum Ausgang des 18. Jahrhunderts", in: BGW 4, Münster 1973, S. 33-109.

[160] Aschkewitz, Max, „Die deutsche Siedlung in Westpreußen im 16., 17. und 18. Jahrhundert", in: ZfO 1 (1952) H. 4, S. 553-567. Vgl. Dabinnus, Georg, Die ländliche Bevölkerung Pommerellens im Jahre 1772 mit Einschluss des Danziger Landgebiets im Jahre 1793, Wissenschaftliche Beiträge, Marburg/Lahn 1953.

Filialkirche von Raikau und wurde erst 1786 abgezweigt und zu einer selbstständigen Pfarrkirche erhoben.[161]

Die „Übersicht der Bestandtheile und Verzeichniß aller Ortschaften des Danziger Regierungs-Bezirkes" vom Jahre 1820 weist Raikau als königliches Dorf im Amt Subkau mit 530 Einwohnern, alle katholischer Religion, aus. An Feuerstellen wurden 80 gezählt, lutherische Einwohner wären nach Raude(n) (*Rudno*) eingepfarrt worden. Das zuständige Landgericht befand sich in Dirschau, der Ort lag eine Postmeile vom Kreissitz und 6 ½ Meilen von Danzig entfernt. Die Größe der Ländereien des Ortes belief sich auf 122 kulmische Hufen (katastriert) bzw. 333 kulmische Hufen (reduziert). In Raikauermühl lebten in einem Haus acht Personen, die ebenfalls katholisch waren.[162]

Ortspartie von Raikau. Foto: Andreas Miler

Im Amts-Blatt der Königlichen Regierung zu Marienwerder für das Jahr 1833 wurde der Beschluss der Königlich Preußischen Regierung, Abteilung des Inneren, in Danzig vom 5. Februar 1831, verschiedene Jahr- und so genannte Ablassmärkte auf dem platten Lande wegen ihrer Vielzahl nicht mehr stattfinden zu lassen, bekannt gemacht. Darunter waren in Pelplin der Markt am Fronleichnamsfest, in Raikau der Markt am Tage St. Bartholomäi und in Skurtz die vier Märkte an den Tagen St. George, St. Stanislaus, Maria Magdalena und Aller Heiligen.[163]

In einer „Nachweisung der für das Jahr 1832 von dem Westpreuß. Domainen-Feuersocietäts-Verbande zu vergütigenden im Danziger Regierungs-Bezirk vorgefallenen Brandschäden" tauchte als Abgebrannter aus Raikau (Behörde Subkau) Johann Roth auf, dem eine Scheune abgebrannt war, was mit 150 Reichstalern vergütet wurde.[164]

---

[161] Die Bau- und Kunstdenkmäler der Provinz Westpreußen, Danzig 1884, S. 154.
[162] Uebersicht der Bestandtheile und Verzeichniß aller Ortschaften des Danziger Regierungs-Bezirkes, Danzig 1820, S. 68 f. (Stargarder Kreis), Nachdruck als Sonderschrift 47 des Vereins für Familienforschung in Ost- und Westpreußen, 1981. Eine kulmische Hufe = 17,3387 Hektar (Preußen).
[163] Amts-Blatt, Marienwerder, den 22. Februar 1833, S. 62 f.
[164] Amts-Blatt, Marienwerder, den 15. Februar 1833, S. 44.

Das Königlich Preußische Provinzial-Schul-Kollegium in Königsberg nennt in einer Bekanntgabe vom 12. November 1839 24 Zöglinge des Königlichen Schullehrerseminars zu Graudenz, darunter Thomas Razanowski, katholisch, aus Raikau, Kreis Pr. Stargard. Die aufgeführten Zöglinge hatten ihre Prüfung bestanden und waren „für wahlfähig zu Elementar-Schullehrerstellen anerkannt" worden.[165]

In Preußisch Stargard scheiterte 1846 ein antideutscher Aufstand. Unter dem Einfluss des polnischen Revolutionärs Ludwik Mierosławski (1814-1878) unternahmen aufgewiegelte polnische Bauern am 22. Februar des Jahres den Putsch in Preußisch Stargard (*Starogard Gdański*). Die Rede war von einem geplanten gesamtpolnischen Aufstand im Großherzogtum Posen gegen die preußische Vorherrschaft. Der kaschubische Schriftsteller und Bürgerrechtler Florian Ceynowa (1817-1881) war einer der Anführer. Er versuchte, mit etwa 100 mit Sensen bewaffneten Freiwilligen in der Nacht vom 21. auf den 22. Februar mit einem Angriff eine preußische Garnison in der Stadt Preußisch Stargard zu überfallen und dadurch die Stadt selbst zu erobern. Bevor diese Abteilung die Stadt erreichte, hatten die meisten ihren Anführer verlassen. Mitorganisatoren des Überfalls waren der Priester Jozef Lobodzki (1796-1863), Pfarrer in Klonowken, der Königsberger Jurastudent Julius v. Trojanowski, der in den damaligen Zeitungen als „russischer Überläufer" bezeichnet wurde, und der 21-jährige Gutsbesitzer Jozef Puttkamer-Kleszczyński. Die insgesamt 20 Anführer hatten ausdrücklich geschworen, für die „Befreiung unseres Vaterlandes von den Deutschen und Russen" zu kämpfen und auf dem Marsch nach Stargard mehrmals über ihre Absichten gesprochen. Der Aufstand wurde am Ende von den preußischen Truppen niedergeschlagen und Mierosławski mit 253 anderen Polen vor Gericht gestellt. Ein Angriff auf die Stadt Posen am 3. März 1846 wurde ebenfalls vereitelt. Nach der Flucht wurde Ceynowa am 6. März 1846 in Karthaus (*Kartuzy*) festgenommen. Mierosławski war bereits am 12. Februar 1846 als Rädelsführer verhaftet worden und wurde 1847 in Berlin im Polenprozess zum Tode verurteilt (1848 aber begnadigt und nach Frankreich ausgewiesen). Am 17. November 1847 wurde der Kaschube Ceynowa in Berlin-Moabit als Rädelsführer zum Tode verurteilt, aber im Zuge der Märzrevolution 1848 durch den preußischen König begnadigt und freigelassen.

Auch Dorfbewohner aus Raikau beteiligten sich an den Aufständen, und zwar unter Führung des Lehrers Jan Kwitnowski und des Bürgermeisters Jan Hillar („von zehn Personen besuchte Dorfkirche").[166] In einer Liste der an den Ereignissen von Stargard 1846 beteiligten Personen werden die Personen aus Raikau genannt:[167]

---

[165] Amts-Blatt der Königlichen Regierung zu Marienwerder für das Jahr 1839, S. 376 f.

[166] Labuda, Gerard, Historia Pomorza (Geschichte Pommerns), Tom III: 1815-1850, Poznań 1996, S. 247.

[167] Zentrales Staatsarchiv. Dienststelle Merseburg, Rep. 97, X, V 6, III: Nachweisung der Personen, welche der Teilnahme an den hoch- und landesverräthischen Verbindungen im Großherzogtum Posen, in Westpreußen und in Schlesien bezüchtigt bis jetzt ... 97, X, V 9: Liste derer, gegen die sich eine Anklage nicht begründen lässt 1847. Rep. 97, X, Lfd. Z 33: Attentat

Jan Hillar, Bürgermeister, Raikau
Tomasz Hillar, Bauer, Raikau
Szymon Homma, Pfarrer, Raikau
Jan Kwitnowski, Lehrer, Raikau
Dawid Langmesser, Bauer, Raikau

Am Unterlauf der Ferse befand sich in früheren Zeiten mindestens eine von ihr getriebene Wassermühle, die bereits in einer Urkunde von Winrich's von Kniprode 1378 erwähnt wurde, der in dieser Mühle den Kauf der Johannitergüter bei Stargard abschloss. Das Topographisch-statistisch-historische Lexikon von Deutschland von Eugen Huhn aus dem Jahr 1849 sagt auf S. 375: „Raikau, Preußen (Rgbz. Danzig, Kr. Stargard), Wassermühle mit 2 H. und 19 E."

Schlichtes Grabkreuz auf dem Friedhof. Foto: Andreas Miler

Die Raikauer Mühle hatte 1899 ein hölzernes Überfallwehr von 8,8 Metern lichter Weite, eine ebenso weite Grundschleuse und etwa 1,3 Meter Stauhöhe. Als Besitzer der Raikauer Mühle taucht als Taufzeuge im Dirschauer Kirchenbuch unterm 7. Juni 1835 (für den Sohn des Königlichen Försters Ernst Wicht aus Sturmberg) auf. [168]

Das in früherer Zeit evangelische Dekanat Mewe umfasste elf Kirchspiele. Schulen waren an neun Pfarrkirchen: in Mewe, Raikau, Pelplin, Gartz, Neukirch, Ponschau, Barloschno, Dzierondzno und Falkenau. [169]

Die „Allgemeine Zeitung" in München schrieb in ihrer Ausgabe vom 11. September 1857:

Raikau bei Pelplin, 2. Sept. Seit vergangenem Sonntag findet in hiesiger katholischer Kirche, unter einem gewaltigen Andrang aller Volksschichten, eine von Jesuitenpatres geleitete Volksmission statt, und werden die Predigten, deren täglich eine in deutscher Sprache gehalten wird, auch von den nichtkatholischen Nachbarn rege besucht. Der Eifer dieser Patres gegen die Branntweinpest, schreibt man dem „D. D.," ist durch die vor zwei Jahren absolvirten Predigten in Mewe, Pehsken u. a. O. hiesiger Gegend vom schönsten Erfolg gewesen, und die heilsamen Folgen der von ihnen gegründeten Mäßigkeitsvereine sind zu offenkundig, als daß es einer weiteren Beleuchtung bedarf. In den Reden dieser

aus Preuß. Stargard. Rep. 97, IX, Lfd. 37: Untersuchung der bei der in der Gegend von Preuss. Stargard am 22. Februar 1846 stattgefundenen hochverräthischen Aufstände. Namenliste veröffentlicht in: Labudzie, Gerard, „Wyprawa na Starogard Gdański w 1846 roku", in: Zapiski historyczne, Toruń 1989, S. 54 f.
[168] Prussia, Wasser-Ausschuss, Memel-, Pregel- und Weichselstrom – ihre Stromgebiete und ihre wichtigsten Nebenflüsse, Berlin 1899, S. 441.
[169] Bidder, Paul, „Beiträge zu einer Geschichte des westpreußischen Schulwesens in polnischer Zeit ca. 1572-1772", in: ZWestprGV, Heft XLIX, Danzig 1907, S. 331.

Missionäre werden confessionelle Streitpunkte streng vermieden, und kommen nur moralisch=religiöse Fragen zur Erörterung. (Zeit.)

Als am 1. Oktober 1858 in Pelplin ein Denkmal eingeweiht wurde, zogen neben den Gläubigen aus Pelplin auch die aus den Nachbargemeinden Subkau, Raikau, Klonowken, Liebenau und Gartz in einer Prozession zur Kathedrale, wo Weihbischof Georg Jeschke ein Pontifikalamt zelebrierte und Domkapitular Pomieczyński polnisch predigte.[170]

Der Füsilier Johann Rombowski, gebürtig aus Raikau, diente in der 10. Kompanie des 4. Ostpreußischen Grenadier-Regiments Nr. 5 und wurde in der Schlacht bei Trautenau am 27. Juni 1866 verwundet.[171]

1869 wurde Raikau als katholisches Pfarrdorf im Regierungsbezirk Danzig, Kreis Stargard, bezeichnet („Raikau, Ornoszowo" – Ornassau, zu Raikau gehörig). Die Einwohnerzahl wurde mit 951 angegeben.[172] Das große Conversations-Lexicon für die gebildeten Stände von 1850 gibt an: „Raikau, preuß. Dorf, Prov. Preußen (West-Pr.), R.-B. Danzig, Kr. Stargard; 770 Ew."

Momentaufnahmen geben die Kirchenbücher der römisch-katholischen Pfarrei Raikau, die heute im Bischöflichen Zentralarchiv Regensburg gelagert werden und dort mikroverfilmt sind. In den Monaten September und Oktober 1874 wurden Kinder folgender Einwohnerfamilien geboren: Johann Grabowski, Michael Grabowski, Stephan Cysewski, Johann Figurski, Martin Schrambek, Jakob Otte, Johann Błach, Antonia Glowienska (Magd), Franz Kowalinowski (Hilfsbahnwärter), Peter Scharwach (Bahnwärter) und Johann Zielenski. Gängige Vornamen waren dort damals Johann, Julius, Joseph, August, Mariana, Rosalia, Clara und Morgana.

Das Gothaische genealogische Handbuch der adeligen Häuser nennt im Band 30 (1941, S. 239) die am 6. Oktober 1885 in Raikau mit Aloisius Jacobus (Familienname) vermählte Franziska Belgardt, geboren zu Raikau am 17. April 1857, gestorben in Pelplin am 28. Oktober 1901. Das „Centralblatt für die gesammte Unterrichts-Verwaltung in Preußen" von 1879 erwähnt den mit dem Allgemeinen Ehrenzeichen dekorierten Lehrer Belgardt (S. 593): „Belgardt, katholischer Lehrer zu Raikau, Kreis Prß. Stargardt ...“

Durch das kontinuierliche Anwachsen der Bevölkerung im 19. Jahrhundert erwiesen sich die Kreise in Westpreußen meist als zu groß; eine Verkleinerung erschien erforderlich. Hierdurch entstand der neue Kreis Dirschau, an den der Kreis Preußisch Stargard am 1. Oktober 1887 einen Teil seines Kreisgebietes mit der Stadt Dirschau abgeben musste.

---

[170] Wolf-Dahm, Barbara, „Vincenz Statz in Westpreußen – Auf den Spuren des Kölner Baumeisters", in: Westpreußen-Jahrbuch, Bd. 46, Münster 1996, S. 73-80, hier S. 77.

[171] Günther, Peter P. E., Die Verluste der Regimenter der Kgl. Preußischen Armee an Ost- und Westpreußen im Feldzug von 1866, Sonderschriften des Vereins für Familienforschung in Ost- und Westpreußen e.V. Nr. 38, Hamburg 1978.

[172] Enzyklopädie der Erd-, Völker- und Staatenkunde, Leipzig 1869, S. 2075.

Der Priester Alojzy Wróblewski wurde am 20. Februar 1889 in Raikau geboren. Er besuchte das Collegium Marianum in Pelplin und das Gymnasium von Preußisch Stargard, wo er zu Ostern 1909 mit Abitur entlassen wurde. Daran schloss sich ein Studium der Theologie in Pelplin an. Am 20. März 1920 wurde er zum Priester geweiht und im Oktober 1939 umgebracht.[173]

Über Münzfunde in der Dorfstraße von Raikau berichtete 1892 der Anzeiger des Germanischen Nationalmuseums:

Pelplin, 30. Mai. In der Dorfstraße von Raikau fanden Arbeiter zwischen vielen Menschenknochen eine Anzahl gut erhaltener Münzen aus der Zeit des polnischen Königs Sigismund I. (1506—48) und des Markgrafen Albrecht von Brandenburg (1512 — 68). (Norddeutsche Allgemeine Zeitung, Nr. 249)

Alte Scheune. Foto: Andreas Miler

„Raikau ist sogar bis vor Kurzem ganz polnisch gewesen; erst neuerdings haben sich dort drei deutsche Familien angesiedelt", schreibt Carl Fink 1897 in seinem „Beitrag zur Polenfrage".[174]

Ignacy Binerowski ist als örtlicher Priester der Jahre 1897-1903, Franciszek Hillar als Grundbesitzer 1906-1921, Wincenty Lendzion als Priester 1897-1917 und Kazimierz Wojtaszewski als Priester im Zeitraum 1914-1939 überliefert. Kazimierz Wojtaszewski, geboren am 17. Februar 1888, wurde Priester am 29. März 1914. Nach dem deutschen Angriff auf Polen 1939 wurde er verhaftet und noch im gleichen Jahr in der Diözese umgebracht.[175]

---

[173] Szews, Jerzy, Filomaci Pomorscy – Tajne związki młodzieży polskiej na Pomorzu Gdańskim w latach 1830-1920, Warszawa 1992, S. 228.
[174] Fink, Carl, Der Kampf um die Ostmark: Ein Beitrag zur Beurtheilung der Polenfrage, Berlin 1897, S. 152.
[175] Kęcińska, Jowita, Geografia życia literackiego na Pomorzu Nadwiślańskim 1772-1920, Gdańsk 2003, S. 300; Woś, Jan, Martyrologium polskiego duchowieństwa rzymskokatolickiego pod okupacją hitlerowską w latach 1939-1945, Warszawa 1977, S. 122.

Von 1913 bis 1919 gab es in Raikau eine *Biblioteka TCL*, in der folgende Bibliothekare arbeiteten: Józef Borowski 1913-1918, Falkowski 1918, Maniówna 1918-1919. Als Sammler (*kolektor*) wurde der Pfarrer in Raikau Leon Gawin-Gostomski (1881-1937, entstammte einer westpreußischen Adelsfamilie) genannt.[176]

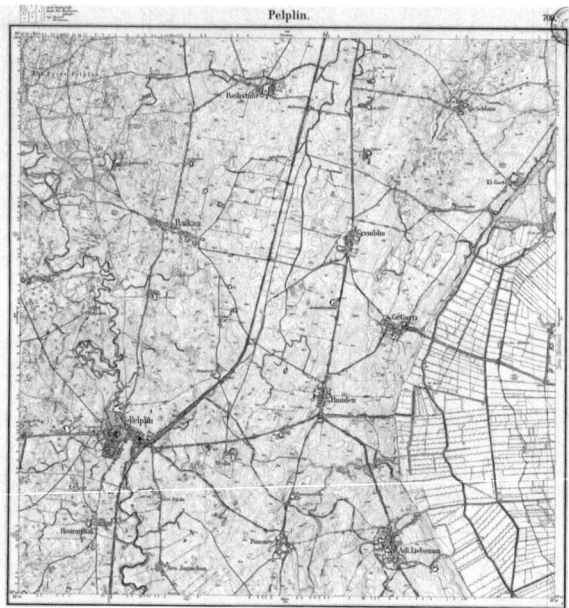

Raikau auf einer Karte des Pelpliner Bezirks, um 1900. Repro: Blazek

Auf Grund der letzten deutschen Volkszählung vor dem Ersten Weltkrieg am 1. Dezember 1910 hatte Raikau 1298 Einwohner (1905: 1337 Einwohner).

Raikau hatte eine vierklassige Schule. An gewerblichen Betrieben waren vorhanden: vier Gemischtwarenhandlungen, ein Bäcker, zwei Fleischer, ein Schmied, ein Schumacher, zwei Tischler, ein Friseur. Ansichtskarten aus der Zeit nach 1900 zeigen Ortspartien, wie Gasthaus und Schule (1907) oder Schule, Post, Gasthof Richter und Kirche (1905, Gebr. Rogorsch, Danzig).

Am 10. Januar 1920 wurden die Amtsbezirke Forstbezirk Pelplin und Pelplin und damit auch die Landgemeinde Raikau als Teil des Polnischen Korridors an Polen abgetreten. Am 26. Oktober 1939 erfolgte die vorläufige Umbenennung von Rajkowy in Raikau.

1922 wurde die Pfarrkirche St. Bartholomäus restauriert. Während des Zweiten Weltkriegs wurde die Kirche beschädigt, die Reparatur wurde in den Jahren 1945 bis 1950 vorgenommen. Zur Kirche gehören ein dreiseitiger Chor, ein zusätzlicher viereckiger Turm an der Westseite, die Sakristei im Süden und das

---

[176] Kęcińska, wie oben, S. 141.

Nordportal. Das Gebäude steht auf einem Hügel und ist von einer Ziegel- und Steinwand umgeben. Daneben befinden sich der Friedhof und ein neogotisches Tor im Osten. Auf dem massiven Turm mit seinem Kuppeldach befinden sich ein Dachreiter, Nadel, Ball, eine Fahne mit dem Datum 1922 und das Kreuz. In einer halbkreisförmig gewölbten Nische befindet sich eine hölzerne, barocke Statue des Hl. Johannes von Nepomuk. An der Südfassade befindet sich eine quadratische Steinplatte (Sonnenuhr) mit der Inschrift: „Anno 1676. Sprawił wiernym zostając kościelnym Marcin Kofman z Rayków" („Anno 1676. Wahr gemacht, indem er die Kirche von Martin Kofman Rayków"). Das Mausoleum der Familie Maniów ist dort ebenfalls untergebracht.[177]

Die Bevölkerung stieg gegen Ende des Zweiten Weltkriegs (1943) auf 1390 Personen an.

Nach dem Einmarsch der Roten Armee und dem Ende des Zweiten Weltkrieges 1945 wurde der deutsche Teil der Bevölkerung vertrieben.

„The Mercury" in Perth (Australien) veröffentlichte in seiner Ausgabe vom 7. Juli 1949 den Wunsch nach der Erlangung der australischen Staatsbürgerschaft des aus Polen eingewanderten Henryk Brown: „PUBLIC NOTICES. (...) I, HENRYK BROWN, of Polish Nationality, born at RAJKOWY, POLAND, and resident one year in Australia, now residing at Bronte Park, intend to apply for naturalisation as an Australian Citizen under the Nationality and Citizenship Act, 1948." Der Nationality and Citizenship Act 1948 war am 26. Januar 1949 in Kraft getreten. Bis dahin hatten Australier die britische Staatsbürgerschaft genossen.

In den Jahren 1975 bis 1998 gehörte *Rajkowy* administrativ zur Provinz Danzig. Heute zählt *Rajkowy* 1677 Einwohner. Der Ort gehört zum Verwaltungsbezirk *Gmina Pelplin*. Er umfasst neben *Rajkowy* die Dorfteile *Hilarowo*, *Maniowo* und *Ornasowo*.

Rajkowy verfügt heute über eine Grundschule mit 126 und eine Mittelschule mit 49 Schülerinnen und Schülern. Direktor ist Jolanta Pellowska, stellvertretender Direktor Jacek Hinz.

nov-ost.info schrieb am 6. Juni 2011: „Die Kreisverwaltung Tczew in Nord-Polen hat die Baugenehmigung für das von Kulczyk Investments geplante Kohlekraftwerk in Rajkowy bei Pelplin erteilt. Laut Mitteilung der Kreisverwaltung gilt die Baugenehmigung für die Errichtung des kohlebefeuerten Kraftwerks Elektrownia Północ mit einer installierten Leistung von ca. 2x1.000 MW."

Kulczyk Investments will zehn Milliarden Euro in den Bau des Kraftwerks investieren. Der Zeitplan sieht vor, dass mit dem eigentlichen Kraftwerksbau 2012 begonnen wird; die Inbetriebnahme ist für 2016 oder 2017 geplant. Bei der Investition sollen sowohl die modernsten Technologien eingesetzt werden, die weltweit in der Energiewirtschaft Anwendung finden, als auch umwelttechnische Lösungen, die mit dem EU-Recht konform seien.

---

[177] www.pelplin.de. 1678 zerfiel das Archidiakonat Pommerellen.

Bildstock bei Raikau. Foto: Andreas Miler

Der deutsche Abstimmungssieg (1920)

1. Neue Freie Presse, Wien, 13. Juli 1920:

Der deutsche Abstimmungssieg in West- und Ostpreußen.

(Telegramm der Neuen Freien Presse.)

Berlin, 12. Juli.

Aus Allenstein wird gemeldet: Der Abstimmungstag hat gehalten, was die Deutschen von ihm zuversichtlich erwartet haben. Schon die wenigen in den späten Nachtstunden eingelaufenen Ergebnisse lassen erkennen, daß der 11. Juli einen gewaltigen Sieg des Deutschtums bringen wird. Die Wahl ist bei schönem Sommerwetter überall ruhig verlaufen.

Es wurden abgegeben in Ostpreußen: Marienwerder 7883 gegen 363 Stimmen, Marienburg (Teilergebnis) 6941 gegen 129, Struhm 2075 gegen 745, Christburg 2581 gegen 11, Altmarkt 388 gegen 391 Stimmen. Aehnlich ist das Stimmenverhältnis in den anderen Abstimmungsorten. Die überwiegende deutsche Mehrheit in den Städten Marienwerder und Marienburg sowie in den Ortschaften dieses Kreises überrascht nicht, denn niemand hat in ihren deutschen Charakter jemals den geringsten Zweifel gesetzt. Freudig wird aber im ganzen Reiche das Abstimmungsergebnis von Struhm, Christburg und den Städten und Dörfern des Kreises Struhm begrüßt werden, da man diesen Kreis für ernstlich bedroht gehalten hat. Auch in Altenmarkt haben sich die Deutschen tapfer gehalten. Das Deutschtum hat also einen großen Sieg errungen. In 39 Ortschaften des Kreises Seusburg wurden insgesamt drei polnische Stimmen abgegeben. In 15 Ortschaften des Kreises Lötzen, in 36 Ortschaften des Kreises Oletzko und in 36 Ortschaften des Kreises Johannesburg wurde nicht eine einzige polnische Stimme abgegeben.

[„Struhm" steht hier falsch für Stuhm. Der preußisch-deutsche Landkreis Stuhm bestand in der Zeit zwischen 1818 und 1945. Er umfasste am 1. Januar 1945 die beiden Städte Christburg und Stuhm sowie 65 weitere Gemeinden mit weniger als 2000 Einwohnern.]

2. Die Neue Zeitung, Wien, 14. Juli 1920:

Der deutsche Abstimmungssieg.

Die Bevölkerung in Ost= und Westpreußen spricht sich mit erdrückender Mehrheit für das Verbleiben in Deutschland aus.

Westpreußen: Für Deutschland 96.889 Stimmen, für Polen 7975 Stimmen. Ostpreußen: Für Deutschland 352.655 Stimmen, für Polen 7408 Stimmen.

München, 12. Juli.

In ganz Deutschland, nicht nur im Norden, sondern auch im Süden, herrscht heller Trubel über das Abstimmungsergebnis in Ost- und Westpreußen. In Paris hatten bekanntlich die Polen, die Tschechen und die Serben mit den unmöglichsten und unehrlichsten Mitteln gearbeitet, um ja recht große Beute aus den deut-

117

schen Ländern davontragen zu können. Der Vertrag von Versailles setzte eine Abstimmung in Ost- und Westpreußen fest. Mit Stolz kann das deutsche Volk auf den letzten Sonntag zurückblicken. Eine erdrückende Mehrheit aller Bewohner sprach sich feierlich für das Verbleiben in der deutschen Republik aus. Nach dem Abstimmungsergebnis müssen sogar viele tausende Polen sich für Deutschland und gegen ihr nationales Heimatland ausgesprochen haben. Die in Deutschland lebenden Polen haben trotz der oft an ihnen seitens der preußischen Deutschnationalen verübten dummen Gewalttaten doch erkannt, daß ihnen Deutschland für ihre und ihrer Kinder Zukunft viel mehr bieten kann, als das durch französische Kunst aufgepäppelte Polen.

Stubengelehrte und Fanatiker verstehen unter Einheit des Volkes nur die Vorherrschaft einer preußischen Clique. In Wirklichkeit wird das einige Deutschland um so fester sich erhalten, als es den einzelnen deutschen Stämmen eine gewisse Bewegungsfreiheit läßt. Die Verstimmungen zwischen Norddeutschland und Süddeutschland sind meistens auf Uebergriffe einzelner Staatsmänner und Hofkreise zurückzuführen gewesen. Der großschnauzige Er[b]-Kronprinz des Deutschen Reiches hat wiederholt das Heimatsgefühl und das Selbstbewußtsein der Süddeutschen verletzt. Der frühere Reichsfinanzminister Erzberger versuchte unter dem Mißbrauch einer einheitlichen Verwaltung ganz Deutschland der alten Berliner Clique auszuliefern. Wenn diese Krankheitserscheinungen ausgeschieden oder zurückgehalten werden, dann wird das Band zwischen Nord und Süd zum größten Aerger der Franzosen ein unzerschneidbares bleiben.

In Bayern ist man über die preußische Arroganz, über das hochnäsige Benehmen der Junker und über die ebenso frivole, wie dumme Politik der deutschen Schwerindustriellen vom Schlage des Multimillionärs Stinnes mit Recht unzufrieden. Aber man hängt im ganzen Bayernlande doch sehr an dem einigen Deutschland, wenngleich man das Vaterlandsgefühl nicht immer im Maul hat. Als in Bayern das Abstimmungsergebnis in Ost- und Westpreußen bekannt wurde, da wirkte es in München und auf dem Lande wie ein Feuer. Kein militärischer Sieg hätte in Süddeutschland so viel Freude und Begeisterung hervorrufen können, als das Abstimmungsergebnis zugunsten der Preußen.

In Paris hat man mit dem Friedensvertrag von Versailles ein dummes und schlechtes Stück Arbeit geleistet. Das Abstimmungsergebnis in Ost- und Westpreußen zeigt, wie das Volk in Wirklichkeit denkt. Würde man bei all den anderen Gebieten, die man dem deutschen Volke, sei es aus dem Rahmen Deutschlands, sei es aus dem Rahmen Oesterreichs, geraubt hat, auch eine Volksabstimmung zulassen, da würde man ein ähnliches Ergebnis finden. Die Abstimmung in Ost- und Westpreußen könnte für die Machthaber in Versailles, St. Germain und Paris eine ernste Mahnung sein, die Dinge nicht noch weiter zu treiben. Es gibt auch in der Staatspolitik eine Sünde wider den Geist, ein vorsätzliches sträfliches Beharren in der Ungerechtigkeit und Bosheit, und die Folge kann nur eine furchtbare Strafe sein.

Danzig

Die Erinnerungen an Westpreußen als ehemaligem Teil Deutschlands verblassen im 21. Jahrhundert mehr und mehr. Anders war es gerade in der Zeit nach dem Zweiten Weltkrieg, als Westpreußen in der Erinnerung der Deutschen noch immer deutsch war und viele Menschen ihre schönen Erinnerungen an die Heimat darlegen wollten. Insofern sind die im Folgenden wortwörtlich zitierten Beiträge zunächst im historischen Kontext zu sehen. Sehr deutlich ist der Zeitgeist der Jahre nach 1950 herauszulesen; es wurde viel verbildlicht und das Monumentale der großen westpreußischen Städte herausgestellt. Der Abdruck erfolgt an dieser Stelle als Quellenexegese heute nur noch schwer zugänglicher Schriften.

Über Danzigs Giebeln und Gassen singt sonntäglich der Glockenchor. In die jubelnden Stimmen hallen wuchtig und schwer die Glockentöne von St. Marien, der fünftgrößten Kathedrale Europas. Der greise Türmer erwacht und schaut aus den Wolkenhöhen des mächtigen Turmes auf die alte Stadt, das Land und das Meer. Um ihn sind Wolken und Winde. „He, Alter", rufen ihm die nordwärts wandernden Gänse zu – „he, Alter, es wird Frühling!" Aber der Türmer denkt: schreit nur, ihr Gänse; denn er weiß, daß dem Vogelzug lange noch die Schauer körnigen Eises nachfolgen und daß Anfang März noch auf der Plattform des vierkantigen Turmes der Schnee liegt. Auch der April tut im Osten noch, was er will. – Aber mit einem Male ist der Sommer erwacht. Der Alte vom Turm ist nie mehr allein. Über Hunderte von steinernen Stiegen im Turmbau stapfen hastige Schritte, daß die Fledermäuse hochflattern. „Na, endlich haben wir es geschafft", frohlocken noch außer Atem zwei Jungen, „Mensch, das war wieder mal eine Leistung", rühmen sie sich. Die beiden Jungen sind in diesem Jahr die ersten Gäste des Alten. „Ist das ein Blick von hier oben – wie aus einem Flugzeug!" Der Türmer schmunzelt zufrieden über die Begeisterung der Jungen. „Ja, ja, so sagen die Menschen alle, wenn sie auf dem Turm von St. Marien stehen." – Herrgott, wie ist das schön ...! Denn was sich hier dem Besucher offenbart, prägt sich unvergeßlich in alle Herzen ein. Dort blaut das Meer in der Danziger Bucht. Dort leuchtet der Park um Schloß und Dom von Oliva, und dort dehnt sich die Ebene der Danziger Niederung bis zur Burg im Osten am Nogatstrom. Wie lustig es ist, von hier oben die engen und winkligen Gassen zu schauen! Wie schmal und schlank sind die Häuser! Alle kehren ihre Giebel der Straße zu, und ein Haus schmiegt sich eng an das andere. Wo ist die Hundegasse und wo die Jopengasse? Die Frauengasse erkennt jeder sogleich, auch den Langen Markt mit dem Rathaus und seinem ganz schlanken Turm. Und sieh nur, wie klein alle Menschen sind! Wie Ameisen krabbeln sie die Steintreppen der Beischläge hinauf und hinunter. Oh, die Mottlau hinauf kommt eben ein ganz großer Dampfer! Jetzt gleitet er am alten Krantor vorüber, das seine Nase neugierig über die Mottlau steckt. Der Dampfer macht sicher bei den alten Speichern fest.

„Was meinst Du, ob die Seeleute heute abend wieder in der alten Hafenkneipe sitzen, um sich dort die Seejungfrau anzusehn?"

„Ach, ich weiß, bei dem alten Kapitän, der die Straußeneier aus Afrika mitgebracht hat und die tollen Seeräubergeschichten erzählt?" „Du, der schneidet doch auf!"

„Meinst Du, ich glaube beinahe nicht, denn das klingt doch alles so wahr, was er erzählt."

„Kannst Du hören, wie die Hämmer der Schichauwerft dröhnen?" Jetzt haben die Jungen den Stockturm entdeckt und die Peinkammer, das Zeughaus und den Artushof. „Wo ist das Uphagenhaus?" „Nun, dort!" – Dort glänzt auch die Marmorfassade des berühmten Steffen'schen Hauses. Es funkelt am Marmor viel Gold.

Dem Türmer machen die Jungen Spaß. Mit ihnen kann er sich gewiß gut unterhalten. „Wißt Ihr auch, woher das Steffen'sche Haus stammt, Jungens. Was wisst Ihr vom Artushof und vom Uphagenhaus? Ihr behaltet den Mund offen. Wißt ihr es nicht? Keine Ausrede, daß es zu viel in Danzig zu sehen gäbe, soviel, daß man Einzelheiten gar nicht behalten kann. Was ein richtiger Danziger Junge ist, muß die Geschichte seiner Vaterstadt kennen. Die Mädel natürlich auch. Setzt Euch mal her! Ich will Euch erzählen. – Das ist nun schon lange her, um das Jahr 1170, da kamen Zisterziensermönche in unser damals noch völlig unberührtes Land und gründeten das Kloster Oliva, das aus dem Grünen herauslugt."

„Kamen die Mönche denn bereits vor dem Ritterorden hierher?"

„Ja, früher schon! Noch bevor die Ordensritter das Kulmer Land und die Weichsel erreichten, waren die Mönche hier. Damit Ihr es wisst! Die Ordensritter haben unser Danzig nicht gegründet. Hanseaten waren es, die auf ihren dickbauchigen Koggen zur Weichselmündung segelten und dort siedelten. 1224 bereits verlieh der Pomerellenherzog Swantopolk Danzig das Stadtrecht. Kaufherren und Bürgern verdankt Danzig sein Entstehen, seinen Ruhm und seinen Reichtum. Allerdings standen wir lange unter dem Schutz der Marienburg und hatten die Gewähr, frei über die Meere fahren zu können. Eines Tages aber begann der Stern des Ordens zu sinken, und 1454 sagte sich damit unsere Stadt vom Ritterorden los. Doch Danzig blieb deutsch in der Art, in Verwaltung und Sprache.

Seht Euch den Artushof, diesen Prachtbau, auch einmal von innen an! Alles ist mit unserem Fleiß und unserem Willen feierlich und schön geschaffen. Nein, solch einen wunderbaren Raum hat keine Hansestadt mehr aufzuweisen. Aus Holz geschnitzt sind alle Wände, Türen und Treppen, Fenster und Emporen. An langen, eichenen Tischen saßen die Patrizier, die Handelsherren, und redeten ein gewichtiges Wort. Der Tabak qualmte im dicken, weißen Pfeifenkopf, und der blaue Dunst zog in dicken Schwaden unter der dunklen Decke hin, von der die Nachbildungen der alten Danziger Koggen bis in die halbe Höhe des Raumes hingen. Geht nur hin, Jungens, sie hängen heute noch da!"

„Türmer, sahst Du auch in Wirklichkeit die Koggen fahren?"

„Ich sah sie lange von Danzig aus über die Meere ziehen. Das war ein stolzes Bild, wenn ich die Koggen mit geblähten Segeln vollbeladen wiederkehren sah. Die Böller am Bollwerk schossen den Willkommenssalut, und Kogge um Kogge machte am Krantor fest. Die langen Ketten rasselten, die langen Winden knarrten."

„Und was brachten sie alles aus fernen Ländern mit?"

„Einmal legte unter den heimkehrenden Schiffen der Segler des Danziger Schiffsführers Paul Beneke an. Nein, nicht Gold und Diamanten brachte er von seiner Kaperfahrt mit, sondern ein wunderbares Gemälde, das später oftmals Kaiser und Fürsten erwerben wollten – auch Peter der Große und August der Starke. Aber Danzig dachte nicht daran, das Bild zu verkaufen. Geht nachher hinunter in das Kirchenschiff von St. Marien! Im Licht der Kerzen wird Euch das „Jüngste Gericht" erscheinen. Ein berühmter Maler, Hans Memling aus Flandern, hat es gemalt. Ursprünglich war es für eine Kirche und einen Altar in Florenz bestimmt gewesen. Dieses wertvolle Bild hat Eure Vaterstadt als kostbarstes Kleinod bewahrt. Und immer und immer haben Eure Vorväter in allen Jahrhunderten Schönes nach Danzig gebracht. Sie mehrten nicht nur den Reichtum in Kisten und Kasten, sondern erwarben Kunstwerke in aller Welt, Schätze der Baukunst aus Holland und Flandern. Der Artushof erzählt noch davon. Ein Holländer Meister baute seine Fassade. Wenn Ihr einmal groß seid, werdet Ihr etwas von Barock und Renaissance zu Ohren bekommen. Auch das Zeughaus stammt aus dieser Zeit um 1600 herum. Die Danziger segelten auch nach Italien, und viele Bauten Danzigs gleichen den Bauten in Venedig. Darum nennen die Menschen Danzig „Das nordische Venedig". Ihr bemerkt vorhin unter den vielen prächtigen Giebelhäusern das besonders reiche Steffensche Haus. Die Sage erzählt, daß die ganze Fassade des Hauses mit Schiffen aus Italien in unsere Stadt geholt worden sei. Seid Ihr in der Diele des Schöffenhauses, glaubt Ihr in einem alten Palast in Venedig zu sein. Aber Euer alter Türmer von St. Marien ist kein Professor. Ein Professor der Kunstgeschichte würde Euch einen ganzen Tag in diesem Raum mit seinen geschwungenen Treppen und gedrechselten Säulen erzählen – von dem Schnitzwerk im Holz und Türen und Wänden und von den Gemälden unter der Decke. Aber in Euren Häusern gibt es auch viele Schätze. Hat Euer Vater nicht noch altes, kostbares Porzellan? Habt Ihr nicht in den Stuben Öfen mit gemalten Delfter Kacheln? Hängen nicht noch an den Wänden Eurer Diele messingblanke Leuchter, die wir „Blaker" nennen – wie in der Diele des Uphagenhauses? Wie ist es doch schön, wenn die Kerzen im dunklen Raum zu leuchten beginnen, wenn Flammen im leisesten Luftzug flattern, das flüssige Wachs duftend in blanke Schalen rinnt und die tanzenden Lichter sich in den Scheiben des Hängestübchens spiegeln! Dann ist die Stunde da, in der die Buchenscheite im Kamin knistern, der Kaufherr mit seiner Familie zusammen sitzt und die Geschichte der alten Geschlechter erzählt, auf daß sich der Sohn des väterlichen Erbes einst würdig erweise. Auf daß auch Ihr es nicht vergeßt, erzählte ich es heute auch Euch."

Wir wandern durch Danzigs Straßen. Auf Schritt und Tritt wird der Kunstfreund zum Schauen und Verweilen gezwungen. Auch Joseph Freiherr von Eichen-

dorff zog es in diese Stadt, und der Sohn der schlesischen Erde sang auch zu ihrem Ruhme und Preis. Hier war Max Halbe mit seiner „Mutter Erde" eng verwachsen. Aus einem Danziger Patrizierhaus ging Arthur Schopenhauer nach Frankfurt am Main und der Kupferstecher und Maler Chodowiecki nach Berlin, um im späteren Leben mit dem köstlichen Skizzenbuch der „Danziger Reise" sein Schaffen zu krönen.

Nun wandern wir aus heißen Straßen an die See. Eine ganze Reihe von Bädern schmiegt sich um die Danziger Bucht. Glückliches Ferienleben verheißen Glettkau, Bohnsack und Heubude – oder wie die stillen Nester heißen mögen. Weltbekanntes Ziel aber ist Zoppot, das Monte Carlo des Ostens. Auf dem langen Seesteg, dem längsten der Ostseeküste, promenieren zahllose Menschen. Kurgäste und Sportfreunde schauen den sommerlichen Segelregatten zu. Da löst sich aus dem Sonnenglast, aus dem Wald der weißen Segel ein silbergraues Etwas, wird größer und größer, gleitet auf glitzernden Wassern heran. Die „Tannenberg" steuert auf ihrer Fahrt von Swinemünde nach Finnland weitausholend, den Zoppoter Seesteg an. Und dieser Augenblick bringt stets neue Freuden und Freunde. Musik schwingt sich durch die Sommerlüfte – man hört Lachen und Lieder. Von hoher Reeling flattern bunte Tücher. Die Gäste, die das Seedienstschiff in Zoppot verlassen, fallen durch ihre Eleganz auf, denn Zoppot ist der Treffpunkt der internationalen Welt. Im Spielsaal des Casinos rollen die Kugeln und mit ihnen die Dollar und Rubel, die Francs und die Pfunde. Am Korso flammt die Kette der Lichter auf, und der Kursaal erstrahlt im festlichen Glanz. Melodien umschmeicheln Rosenrabatten, Rhododendren und Palmen.

Heimat, so gewährst Du jedem sein Glück. Aber gerade Du hast auch die Kraft, jeden an die Bronnen Deines seelenvollen Lebens zu führen. So bist auch Du, schönes Zoppot, mehr als die Quelle der leichten, sommerlichen Lust. Weltbad Zoppot ist im Sommer auch das ostdeutsche Bayreuth. Die Waldoper hat ihre Pforten geöffnet. Die Waldwiese formt sich zum Theaterrund, über dem sich die lichtblaue Glocke des Himmels spannt. Busch und Baum umsäumen Scene und Spiegel. In aller Geigen Schmelz und Süße schluchzt eine Nachtigall ihr sehnsuchtsvolles Lied:

Leise, leise, fromme Weise ... schwing Dich auf zum Sternenkreise ...

Der Türmer von St. Marien faltet die Hände. Dankerfüllt ist sein Herz. Er sieht noch einmal die Menschen durch Jahrhunderte gehen und weiß um ihr Glück und um ihr Leid. Mit jedem neuen Jahr kommt ein neuer Frühling herauf. Dann wälzt die Weichsel schwere Schollen zum Meer. Die Wiesen grünen unter taumelndem Kiebitzflug, und festlich schmücken sich Feld und Flur. Die Sonne scheint hell und glüht heiß. Die Küste erfüllt Leben, Lieben und Lachen. Donnernd rollen die Züge über die Brücken der Nogat und Weichsel. Traumschiffe gleiten über das Meer, und silberne Vögel ziehen ihre Bahn hoch über Wälder und Seen, über Burgen und Dome zum Königsschloß und St. Marien. Herbst wandert durch das Land, und der Maler des Herrgotts verschwendet viel goldene Farben. Aber der mutwillige Regen verwischt alle Werke, und der Wind wirbelt die rostroten und braunen Blätter. Der Winter will kommen. Vom Himmel

schweben leise und sacht dicke Flocken. Schneebälle fliegen durch die Winter-
luft, und Eisblumen malt der Frost an die Scheiben. Der Weihnachtsmann stapft
durch knietiefen Schnee. Hänschen und Mariannchen zünden die Lichter an, aus
allen Stuben hört der Türmer ein glückseliges Lied. Er vernimmt die Kunde vom
Frieden auf Erden ... – Zwölf schütternde Schläge der Turmuhr – und das neue
Jahr beginnt. Um die Häuser schleicht der Neujahrsbock. „Prosit Neujahr" –
rufen die Menschen von Fenster zu Fenster, von Straße zu Straße, bis hinauf
zum Alten auf dem hohen Turm. – Wer steigt denn in dieser Silvesternacht die
Stiegen zu St. Marien empor? Der Türmer schaut in das Dunkel des Turmbaues
hinab. „Wer kommt?" Keine Antwort – nur die pochenden Schritte. Und die
Schritte haben das Gleichmaß des Pendelschlages einer Uhr. Dieses unheimli-
che Gleichmaß, das an die Vergänglichkeit mahnt, der niemand entgeht. „Du
brauchst mir nichts mehr zu sagen", entgegnet der Türmer dem seltsamen Gast,
der schweigend das Stundenglas gen Osten hebt. „Du brauchst mir nichts mehr
zu sagen. Ich weiß, Du bist Chronos – die Zeit. Du bist gekommen, um mir zu
künden, daß ... – aber dennoch! Ich versteh Dich nicht!"

„Das will ich Dir glauben, Du verstehst nicht die Zeit – und ich nicht die
Menschen. Sie tragen Schuld an der Zeit."

„Wer? Nur diese, diese meine Menschen im Osten?"

„Sie alle!"

„Warum aber suchst Du gerade diese – diese herzlich Guten vor allen anderen
heim?"

„Damit sie vor allen anderen auch wieder auferstehen ...! Das ist
mein Wille!"

Waldemar Kuckuk: Heimat im Osten, Band 1: Ostpreußen · Westpreußen · Danzig, Kiel 1950

Der Verfasser, Waldemar Kuckuk (1903-1979), war Radioredakteur beim Studio Flensburg des Norddeutschen Rundfunks. 1932 kam er nach dem Studium
zum damaligen Reichssender Königsberg, und er wurde einer der bekanntesten
deutschen Rundfunkberichterstatter der frühen Jahre. Den Zweiten Weltkrieg
verbrachte er als Kriegsberichterstatter an verschiedenen Fronten. 1951, nach
Gefangenschaft, Flucht der Familie und notdürftiger Unterbringung in einem
kleinen Ort im Landesteil Schleswig, kam er in das gerade neu gebaute Studio
Flensburg. (Quelle: Wehlauer Heimatbrief 21. Folge 1979, S. 26 f.) Sein Buch
„Heimat im Osten" leitete er mit folgenden Worten ein: „Lieber Landsmann, ich
gebe Dir dieses Buch in die Hand. Nimm und lies es! Gib es dann Deinem Jungen, Deinem Mädel, Deinem Nachbarn – und wenn es Dir Freude gebracht hat,
tue es zu dem Wenigen, was Du noch hast. Dies Buch wird Dich an die Heimat
erinnern, es wird Dich in stillen Stunden glücklich, in schweren wieder stolz und
selbstbewusst machen. Dein ostdeutscher Rundfunksprecher reicht es Dir."

Ein farbenfrohes Plakat aus der ersten Hälfte des 20. Jahrhunderts. Repro: Blazek

124

Patrizierhäuser mit geschnitzten Treppen und Deckengemälden

Vom Zauber der Stadt Danzig

Die folgenden beiden Aufsätze, die am 11. Oktober 1952 in der Tageszeitung des damaligen Landkreises Burgdorf bei Hannover abgedruckt wurden, vermitteln eine dem damaligen Zeitgeist entsprechende Ansicht von Glanz und Prächtigkeit der ehemaligen Hansestadt Danzig und der an der Weichsel liegenden Stadt Thorn. Der Zweite Weltkrieg mit seinen schätzungsweise 55 Millionen Todesopfern war inzwischen seit sieben Jahren vorbei. Durch die Kampfhandlungen waren große Teile der Danziger Innenstadt (bestehend aus Rechtstadt, Altstadt, Vorstadt und Niederstadt) zerstört worden. Thorn hingegen war von Gebäudeschäden weitgehend verschont geblieben. Insofern sind die nachfolgenden Darstellungen wertvoll für den Betrachter, will er einen Eindruck von westpreußischem gediegenem Glanz in früheren Zeiten gewinnen.

Der Zauber und die Schönheit der alten Hansestadt Danzig waren unbeschreiblich. Man muß selbst einmal dort gewesen sein, das einzigartige Stadtbild mit den wehrhaften Türmen gesehen haben, durch die schmalen Gassen und an der Mottlau hinuntergewandert sein, um ermessen zu können, was wir mit Danzig verloren haben.

Wunderbar war der Anblick, wenn das an der Mottlau gelegene Wahrzeichen Danzigs, das alte Krantor, von der untergehenden Sonne in ein dunkles Rot getaucht wurde und der trutzige Turm der Marienkirche rotglühend über der schmalen Beutlergasse stand. Die Frauengasse, die Brotbankengasse und der Lange Markt mit den schönen, alten, reichverzierten Giebelhäusern boten ein farbiges Wunder aus Gotik, Barock und Renaissance. Die im niederländischen Renaissancestil erbauten Patrizierhäuser am Langen Markt zeichneten sich durch eine aufs reichste mit Figuren und Wappen und einem Giebelfries gezierte Fassade aus. Dem prunkhaften Äußeren entsprach das reich gestaltete Innere; kostbar ausgestattete Treppenhäuser empfingen den Besucher.

Eine Besonderheit waren die Freitreppen, die in die Straße vorsprangen, oftmals flankiert vom architektonischen Schmuck grotesker Wasserspeier.

Ein typisches Beispiel für die Innenausstattung dieser Danziger Patrizierhäuser mit ihren weiten Hausfluren, ihren reichgeschnitzten Treppen, den prächtigen Deckengemälden, schönen Schränken und kostbaren Möbeln aller Art und den wertvollen Kunstwerken und Sammlungsstücken aus aller Welt bot das sorgsam gepflegte Uphagen-Haus.

Der Artushof, in dem früher die Banken zusammenkamen, war eines der schönsten Gebäude Danzigs. Im zweiten Jahrzehnt des 17. Jahrhunderts erhielt es seine so reizvolle Fassade, in der das Kleid der Renaissance über den alten gotischen Körper geworfen wurde. Der Goldschmuck, die Figuren antiker Helden

125

und Tugenden, die Medaillons der Polenkönige Sigismund III. und Wladislaw IV. zierten ihn.

Auf dem Langen Markt stand, links überragt vom Rathaus, rechts im Schatten des Artushofes, der Neptunsbrunnen, der ein Werk des Danziger Künstlers Abraham von dem Blocke ist, während die Figur des Meeresgottes im Jahre 1663 in Augsburg gegossen und auf beschwerlichem Transport nach Danzig gebracht wurde.

Ein Kunstwerk war auch das Danziger Rathaus mit dem wappengeschmückten Eingangstor, dem berühmten Turm in seiner rassigen Schlankheit und dem leichten Schnörkelwerk an seiner zierlichen Spitze. Täglich erklang sein berühmtes Glockenspiel: „So nimm denn meine Hände ...“ über die Stadt, Anton van Ohbergen, der Erbauer des Rathauses, errichtete in den Jahren 1602 bis 1605 auch das prächtige, mit reichem Renaissanceschmuck ausgestattete Zeughaus, einen stattlichen Bau, den Giebel und Treppentürme schmückten.

Das hohe Tor und seine Nachbarin, die Peinkammer, mit ihren wundervollen zierlichen Giebeln boten einen eigenartigen und reizvollen Schmuck des Stadtbildes.

Man mußte auch einmal durch die hallende Stille der Marienkirche gegangen sein, mußte den Zauber dieser ragenden Welt von Pfeilern erlebt haben, mußte vor Memlings Jüngstem Gericht in der dunklen Seitenkapelle gestanden haben, um zu empfinden, wie diese Stadt doch eines der schönsten Denkmäler deutscher Kultur war. Wer einmal den Turm der Marienkirche erstiegen hat, unter sich die Wunderwelt dieses Stadtbildes im Auf und Ab der roten Dächer und der dunklen Höfe um die schmalen Gassen, in der Ferne das weite Stromtal zwischen den Bergen der Danziger Höhe und der zartblauen Wand der Elbinger Höhe am östlichen Horizont, wird diesen Anblick ewig im Gedächtnis behalten. Man begreift, daß hier einmal eine starke Kultur des Lebens wachsen mußte, eine Kultur, die uns den großen deutschen Philosophen Arthur Schopenhauer geschenkt hat. Joseph von Eichendorff dichtete hier seine schönsten Lieder und widmete der Stadt Danzig manchen poetischen Gruß.

Burgdorfer Kreisblatt/Lehrter Stadtblatt, 11. Oktober 1952

Kein zweites kommt ihm gleich ...

Das herrliche Rathaus von Thorn

In der Geschichte der Kolonisierung des Ostens durch die Deutschen nimmt Thorn eine wichtige Stellung ein. Als die Brüder des Ordens von St. Marien auf ihren Holzkähnen über die Weichsel setzten, um das Land der Pruzzen zu gewinnen, zimmerten sie hier, wie die Sage erzählt, aus dem Holze eines riesigen Eichbaumes die ersten Burg am jenseitigen Ufer und Thurun, was wohl Turm bedeutet, wurde später zu Thorn.

Sie wurde die erste Siedlung auf preußischem Boden, die bereits im Jahre 1233 das Stadtrecht erhielt. Niedersachsen, Westfalen, Franken und Schwaben waren die Ansiedler, die mit Fleiß und Eifer daran gingen, das Land zu kolonisieren. Der mächtige Bau der Ordensburg über der Weichsel war mit seinen massigen Türmen, dem säulengetragenen Kreuzgang, dem mächtig vorspringenden Dansker so recht ein Sinnbild der Macht des Deutschen Ordens.

DAS RATHAUS IN THORN

Haben sich von dem machtvollen Bau auch nur dürftige Reste erhalten, so waren Thorns herrliche Backsteinkirchen weitere kunstvolle Zeugen für die Entwicklung der deutschen Ordensbaukunst, die in meisterhafter Weise die Anmut der Gotik mit der monumentalen Größe wuchtiger Wehrkunst zu vereinen wußte.

Ihre Krönung erfuhr die Architektur der Stadt in dem herrlichen Rathaus, dessen Fassade an den Papstpalast in Avignon erinnert und das mehr einer Burg als einem friedlichen Bürgerbau ähnelt.

Nach dem Urteil Steinbrechts, des Erneuerers der Marienburg, gibt es kein zweites mittelalterliches Rathaus, das an Umfang und architektonischer Wirkung dem Thorner gleichkäme.

Ursprünglich im dreizehnten Jahrhundert erbaut, verdankt es seine heutige Gestalt im wesentlichen dem Bürgermeister Stroband, der es in den Jahren 1602 und 1603 durch den Erbauer des Danziger Zeughauses, den Baumeister von Ohbergen, um ein Stockwerk erhöhen und prächtig ausschmücken ließ. Das Spitzdach des Turmes wurde 1703 bei der Belagerung durch die Schweden zerstört. Vor dem Rathaus steht das Denkmal für den größten Sohn der Stadt, Nikolaus Kopernikus, der hier 1773 geboren wurde.

Im Jahre 1919 wurde das deutsche Thorn zum polnischen Torun. 27 000 deutsche Thorner mußten ihre Heimatstadt verlassen, aber der Charakter der Stadt blieb deutsch, er wird es auch heute bleiben, obwohl der polnische Adler heute von den Zinnen des alten deutschen Rathausbaues blickt.

Burgdorfer Kreisblatt/Lehrter Stadtblatt, 11. Oktober 1952

Die Burg im Osten

(Marienburg)

Wo die Hauptverkehrsstraße des Ostens, die Ostbahn Berlin-Königsberg, den östlichsten Mündungsarm der Weichsel, die Nogat, schneidet, liegt auf uraltem germanischem Siedelungsboden (Gonem) mit hochinteressanten prähistorischen umfangreichen Gräberfeldern (Stadtmuseum) verkehrsmäßig überaus günstig teils in fruchtbarstem Marschland der Nogat-Weichsel-Niederung, teils umgeben von reizvollen Höhenzügen, Flüssen und Wäldern die 23000 Einwohner zählende Ordenshauptstadt Marienburg, die ehemalige Hochmeisterresidenz, weltberühmt durch das prunkvolle, sagenumwobene Ordenshauptschloß. Durch seine Größe und Schönheit, seine kulturelle und geschichtliche Bedeutung ist es eine Weltsehenswürdigkeit ersten Ranges und das Heiligtum der Deutschen im Osten. Im 13. Jahrhundert erbaut, seit 1309 anstelle von Venedig Sitz des Hochmeisters des Deutschen Ritterordens und seiner Gebietiger, Mittelpunkt eines Reiches von Pommern bis zum Peipussee, erlebte das Schloß und die mit ihm schicksalsverbundene Stadt glänzendste Zeiten, bis nach der unglücklichen Schlacht von Tannenberg (1410) in der Mitte des 15. Jahrhunderts die Ordensherrschaft zusammenbroch und eine Jahrhunderte lange Zeit der Fremd- und Mißwirtschaft anbrach.

1772 wurde Marienburg durch Friedrich den Großen wieder preußisch und deutsch. Der Bau großer Eisenbahnen über Marienburg, die Wiederschiffbarmachung des Nogatstromes brachte neuen Aufschwung. Die Stadt wurde und ist Festung und bedeutende Garnison, [sie] erhielt viele höhere Schulen („Stadt der Schulen") und Behörden.

Der Versailler Vertrag zerschnitt die Stadt in zwei Teile, indem er ein Drittel des Stadtgebietes und den größten Teil des fruchtbaren Hinterlandes der Stadt zum Freistaat Danzig erklärte. Das fügte der Stadt schwere Verluste und Einnahmeausfälle zu. Sie sucht in ihrer Not Ersatz in dem Fremdenverkehr und in der Heranziehung von Handel und Kleinindustrie zu schaffen, da die Verkehrsverhältnisse überaus günstig sind und hier die Dreiländerecke des deutschen, Danziger und polnischen Wirtschaftsgebietes ist. (...)

Marienburg – Die Burg im Osten, Prospekt der Marienburg

Diese Faltbroschüre wurde vermutlich bald nach 1930 vom Verkehrsverein Marienburg herausgegeben. Von dem ab 1933 dominierenden braunen Zeitgeist ist im Text noch nichts zu verspüren. Der Prospekt umfasst acht Seiten mit 13 Fotos von Schloss und Stadt sowie eine Übersichtskarte im Text. Gewöhnlich ließ der Verkehrsverein Marienburg bei der 1829 gegründeten Firma W. F. Burau in Danzig drucken. „Marienburg, die Burg im Osten" war im Übrigen der Titel eines Films der Produktionsfirma I.G. Farbenindustrie AG, Frankfurt am Main, aus dem Jahr 1931. Der Schmalfilm wurde von der Filmoberprüfstelle in Berlin „auf Grund der von dem Reichsminister für Volksaufklärung und Propaganda angeordneten Nachprüfung" am 27. Mai 1936 verboten.

Wo Milch und Honig fließt ...

Gedanken zum Westpreußenlied

Vortrag von Günter Hagenau anlässlich des „Kleinen Kreisheimattages" der Marienwerderer in Hammer am 27. September 2006.
Der Abdruck erfolgt exklusiv und mit freundlicher Genehmigung.

Günter Hagenau ist 79 Jahre alt, stammt gebürtig aus dem Kreis Marienwerder/Westpreußen und wohnt seit 1955 in Detmold. Beruflich war er seit 1952 als Polizeibeamter tätig. Er erwarb die Qualifikation zum Diplom-Verwaltungswirt und absolvierte danach ein Studium an der Polizeiführungsakademie mit Abschluss für den höheren Polizeivollzugsdienst. Er hatte leitende Tätigkeiten in verschiedenen Sparten der Polizei, zuletzt in Bielefeld als Verkehrsdezernent. Seit 1992 ist er im Ruhestand. Hagenau ist Mitglied im Heimatkreis Marienwerder und war fünf Jahre dessen Vorsitzender. Seit dem Ausscheiden aus dem aktiven Berufsleben praktiziert er seine Forschungstätigkeit mit Schwerpunkt Deutsche Siedlungsgeschichte im europäischen Osten, mit gleichzeitigen genealogischen Forschungen für westpreußische und wolhynische Familien und deren Einbindung in die Geschichte Westpreußens und Wohyniens. Innerhalb der Geschichte Preußens führt er Forschungen zu rechtshistorischen Fragen und zur Sprachgeschichte durch, die hymnische Ausprägungen und Brauchtum mit umfassen.

Die nähere persönliche Beziehung zum Textdichter des „Westpreußenliedes", Paul Felske, ist zufällig, er (der Liederdichter) gehört zum weiteren Kreis der eigenen Familie. „Die nähere Kenntnis der Wirtschafts- und Kulturgeschichte Westpreußens begründet die kommentierende Auseinandersetzung mit Text und Intention des Westpreußenliedes", so Günter Hagenau.

Wann läge es näher, etwas zu unserem Westpreußenlied zu sagen, als dann, wenn es nach dem Programm einer festlichen Veranstaltung auch gesungen wird!

Es sollen jedoch nur wenige Zeilen aus diesem uns so vertrauten Lied herausgegriffen werden, ohne dass das ganze Lied näher betrachtet wird:

Wo Korn und Obst der Flur entsprießt, wo Milch und Honig fließt.

Zunächst aber doch etwas Allgemeines zum Westpreußenlied. Es wurde 1901 von Paul Felske geschrieben und wenig später von Hugo Hartmann vertont. Beide waren Lehrer, Felske in Kalthof bei Marienburg und Hartmann in der Stadt Marienburg.

Paul Felske (Foto rechts) stammt aus einer bäuerlichen westpreußischen Familie im Strasburgischen. Geboren ist er am 8. Januar 1838 in Gr. Ksionsken im Kreis Strasburg, später hieß der Ort Hohenkirch und kam zum neu geschaffenen

129

Kreis Briesen. Seine Eltern stammen aus Breczyn im Kreise Graudenz, einem Ortsteil des ziemlich in der Mitte dieses Kreises gelegenen Dorfes Tursnitz.

Paul Felske war das jüngste Kind der Familie und hatte als einziger die Möglichkeit, sich von dem traditionellen Berufsbild der elterlichen Familie zu lösen und Lehrer zu werden. Für deren Ausbildung standen damals nur die so genannten Lehrerseminare zur Verfügung. Wenn er trotz deren begrenzten Möglichkeiten von seinen Schülern in Kalthof bei Marienburg als guter Lehrer geliebt und verehrt wurde, muss zu seiner Ausbildung noch Talent für diese Tätigkeit und eine gütige Wesensart hinzugekommen sein.

Hugo Hartmann war nicht nur Lehrer, als der er an der katholischen Gemeindeschule in Marienburg angestellt war, sondern auch Komponist, Musikpädagoge und Organist mit einer besonderen Neigung zu den alten gregorianischen Gesängen. Er ist am 12. März 1862 in Portschweiten im Kreis Stuhm geboren, seine Eltern stammten aus dem Eichsfeld in Thüringen, sein Vater war als Wandermusikant in das nahe benachbarte Christburg gekommen, war später Kapellmeister und hatte dort eine Gastwirtschaft.

Das Westpreußenlied wird oft als Volkslied bezeichnet. Das mag an seiner vor allem nach dem Ersten Weltkrieg zur Zeit der Volksabstimmungen aufgekommenen Beliebtheit liegen, denn da ist es angesichts der alliierten Bemühungen, Westpreußen möglichst viel für die Wiedererrichtung des polnischen Staates zu entreißen, oft und mit Inbrunst gesungen worden. Nach seiner Melodieführung und auch nach der Textstruktur ist es aber eher den Kunstliedern zuzurechnen. Das lässt sich besonders gut erkennen, wenn man es neben das Ostpreußenlied stellt, das mit seiner einfachen Vierzeiligkeit und der schlicht-eingängigen Melodie alle typischen Zeichen eines Volksliedes trägt.

Das so zu unserem Heimatlied gewordene Stück von Paul Felske und Hugo Hartmann gehört aber ebenso zu den Heimathymnen, die gerade in der Zeit des ausgehenden 19. Jahrhunderts in großer Zahl in allen Regionen Deutschlands entstanden sind. Dass es über die Wirren und Leiden des Krieges und das mühsame Ringen um eine neue Existenz danach nicht in Vergessenheit geraten ist, konnte man in den Flüchtlingslagern in Dänemark erleben, wo es ebenso wie in den schweren Zeiten der Abstimmung gern gesungen wurde, und dass es auch heute noch zum festen Bestand des Programms unserer Heimattage gehört.

Die Zeilen „Wo Korn und Obst der Flur entsprießt, wo Milch und Honig fließt" könnten uns in die Vorstellungswelt des Schlaraffenlandes versetzen. Wem wäre nicht noch das Bild aus einem unserer Lesebücher in Erinnerung, auf dem sich zwei spickefette Kerls in einem Boot liegend lümmeln und zur einen Seite von der Milch schöpfen, auf der der Kahn dahintreibt, zur anderen Seite den Finger in den süßen Honig tauchen, während von oben die gebratenen Tauben herangeflogen kommen, die man sich nur herunter zu langen braucht!

Das Wort von Milch und Honig begegnet uns schon in der Bibel. Dort ist es aber nur eine Verheißung, die Moses seinem seit 400 Jahren in der Knechtschaft lebenden Volk gab, um es aufzurütteln, sich von den ägyptischen Fleischtöpfen zu erheben und auf den Weg zu machen ins gelobte Land.

Für Paul Felske war das in seiner westpreußischen Heimat schon längst Wirklichkeit geworden. Er sah die wogenden Kornfelder und die Obstbäume in den Gärten, die satten Viehweiden, und auch den Honig, den fleißige Bienen geschickter Imker zusammentrugen in jener Zeit gegen das Ende des 19. Jahrhunderts, die seit Jahrzehnten keinen Krieg mehr gesehen hatte und den Menschen die Früchte ihrer Arbeit ließ.

Paul Felske hat das alles aber sehr nüchtern gesehen, als er in der zweiten Strophe das Hohelied der deutschen Tüchtigkeit der Romantik von Milch und Honig hinzufügte. Damit wendet er den Blick zurück in die frühe Ordenszeit, in der der Acker gerade einmal das zweite Korn hergegeben hatte. Noch zu Beginn des 19. Jahrhunderts waren unsere Bauern auf eine Ernte stolz, die das vierte Korn lieferte. Wenn wir unsere heutigen Erträge an den wohlgefüllten Ähren des Weizens, der Gerste und des Roggens messen, an denen man mehr als 30 Körner zählen kann und für die ein Durchschnittsertrag von 39 Körnern amtlich gilt, dann spiegelt sich darin diese Tüchtigkeit, die die Ackerwirtschaft beharrlich verbessert und durch Züchtung und Dünger, der nicht aus chemischen Fabriken, sondern aus den Viehställen kam, die sprießende Flur nicht mehr als etwas Exotisches ansehen lässt.

Und das Obst? Schon immer hat die Natur uns wilde Äpfel und Birnen geboten. Kruschken haben wir die harten, holzigen Birnen genannt und Helske die sauren, kleinen Äpfel. Bis zu dem sprichwörtlich gewordenen Gruschkenbaum, unter dem sich die 1915 aus ihrer wolhynischen Heimat vertriebenen deutschen Kolonisten noch einmal zu einem letzten Gebet versammelt hatten, war es ein weiter Weg gewesen. Die Züchtung guter Obstsorten war sogar den Herrschern eine Herzenssache. Schon der Große Karl hatte es jedem Paar, das heiraten wollte, zur Bedingung gemacht, wenigstens fünf Bäume guten Obstes veredelt zu haben. Und wenn wir die Legende vom Heiligen Nikolaus weitertragen, der in der Vorweihnachtszeit stets seinen Knecht Ruprecht bei sich hatte, mit dem wir die strafende Rute verbinden, sollten wir wissen, dass das die Edelreiser waren, die auf diesem Wege zu den Leuten kamen und helfen sollten, zur rechten Zeit im keimenden Frühjahr auf die wilden Schosse gutes Obst zu pfropfen. Aus den Akten des Marienwerderschen Domänenamtes von 1777, in denen auch die Pflichten des Generalpächters festgelegt waren, wissen wir, dass ihm die Herrschaft die in den Vorwerksgärten stehenden 200 Äpfel- und Birnen-, 120 Pflaumen- und 26 Kirschenbäume besonders ans Herz gelegt und ihm aufgetragen hatte, jährlich je 50 veredelte Äpfel- und Birnenbäume sowie je 100 Kirschen- und Pflaumenbäume neu anzupflanzen. Und wenn einer unserer westpreußischen Kreise, nämlich der Kreis Briesen, in seinem gegen Ende des 19. Jahrhunderts aufgelegten Straßenbauprogramm etliche 4000 Obstbäume anpflanzen ließ und der Staat die einer sinnvollen Sortenwahl verpflichteten Baumzuchtanstalten als seine eigene Sache ansah, dann war das der letzte Schritt auf dem Weg, der reichlich gutes Obst für jedermann vorgesehen hat. So konnte Paul Felske dem Obst als einem der großen Schätze unserer Heimat in sein Westpreußenlied einen würdigen Platz neben den wogenden Kornfeldern einräumen.

Wo Milch und Honig fließt ...

Der Hund, das wissen wir, ist der älteste Begleiter des Menschen gewesen. Aber auch das Rind begegnet uns schon in den frühen Höhlenzeichnungen als eines der Tiere, die mit ihm überall dorthin gezogen sind, wo das Notwendige für das tägliche Leben gefunden werden konnte. Die Viehhaltung für eine nach unserem heutigen Verständnis nennenswerte Milchwirtschaft hat es aber erst viel später gegeben. Bis dahin waren Kühe eigentlich nur notwendig, um den Bestand an Ochsen zu sichern, die als Zugtiere gebraucht wurden. Aus den alten Urkunden unserer Heimat lesen wir, dass auf ein bis zwei Bauernhufen (drei Hufen waren damals eine Bauernnahrung) neben einigen Pferden fünf bis sechs Ochsen, an Kühen aber nur eine oder zwei gehalten wurden. Das änderte sich erst, als die Niederungsbauern um des eigenen Getreides willen auf die Höhen hinaufzogen, Wald und Strauch rodeten und Äcker anlegten, auf denen sie mit Hilfe des Düngers ihrer Kühe um ein Vielfaches mehr ernteten, als die traditionelle Dreifelderwirtschaft mit ihren Brachen je hergegeben hatte.

Die Almwirtschaften in den Bergen und die Weidewirtschaften in unseren Niederungen von Flüssen und Seen hatten zwar schon früh größere Bestände von Milchvieh, und sie hatten auch schon gelernt, als Voraussetzung für die Herstellung von Butter und Käse den Rahm von der Milch zu trennen, den großen Durchbruch für die Einrichtung von Molkereien zur Verarbeitung größerer Milchlieferungen hat aber erst die Erfindung der mechanischen Zentrifuge gebracht. Erst da hat die Milch angefangen zu fließen, wie es uns in dem Lied von Paul Felske entgegenklingt. Er hat die Bauernwirtschaften seiner westpreußischen Heimat nicht nur mit ihren wogenden Kornfeldern gesehen, sondern auch mit dem zu jedem Hof gehörenden Milchvieh. Die täglich gemolkene Milch war neben den Eiern vom Hühnerhof eine der laufenden Einnahmequellen, sodass die Hausfrau nicht nur auf das angewiesen war, was wenige Male im Jahr aus dem Verkauf von einigen Stücken Schlachtvieh und dem bei der Ernte eingebrachten Korn erlöst wurde, um etwas Geld für die täglich nötigen Ausgaben zu haben.

Der Honig steht im biblischen Wort und in den Zeilen unseres Westpreußenliedes sicher nicht ohne Grund an der letzten Stelle nach Korn, Obst und Milch, gewiss aber nicht als etwas von minderer Bedeutung. Im Gegenteil. Er diente nicht nur als Nahrung, sondern war in unseren Breiten seit Menschengedenken auch das einzige Mittel zum Süßen unserer Speisen, war also eines der frühen Genussmittel mit einem leichten Hauch von Luxus, und so setzt er dem bis dahin Aufgezählten in unserem Westpreußenlied ein kleines Krönchen auf.

Beutner hieß in den frühen Jahren die besondere Spezies von Jägern und Sammlern, die den Honig in Wald und Wildnis suchten und heimbrachten. Darin steckt das Wort Beute, denn der Honig musste den Bienen aus ihren Baumhöhlen mit Geschick weggenommen werden, und bis auf den heutigen Tag hat sich dieses Wort als Bezeichnung für das Gehäuse erhalten, in dem der Imker sein Bienenvolk hegt und pflegt. Die Beutner zählten zu den ersten, die in der frühen Ordenszeit Zins zahlten. Sie waren in den weiten Heide- und Wildnisgebieten, vor allem im Nordosten des Ordenslandes, zu Hause, längst ehe das große Siedlungswerk erste Früchte zu tragen begonnen hatte.

Der erste Schritt zu einer Honigwirtschaft waren die eigenen strohgeflochtenen Körbe des zum Imker werdenden Beutners, nachdem man bis dahin die von den Wildbienen in natürlichen Hohlräumen, meistens in Baumstämmen, angelegten Honigvorräte ausgenommen und dabei die Völker vertrieben oder gar zerstört hatte. Doch auch in dieser ersten Phase einer eigenen Bienenzucht blieb es beim Zerstören des Bienenbaus, denn der Honig musste aus den Körben herausgeschnitten und die Bienen dazu ausgeräuchert werden. Das war die Zeit des Scheibenhonigs, und da war es nicht mehr weit zur Erfindung der Honigschleuder, mit der der goldene Vorrat aus speziell dazu angelegten Waben gewonnen wurde, ohne das Bienenvolk zu vertreiben oder zu zerstören. So kennen wir die Imkerei auch heute noch als geordnete Bienenwirtschaft, die erstmals den Honig zum Fließen gebracht hatte. Wie weit war doch der Weg von der uns schon in der Bibel entgegenleuchtenden Vision zu der Zeile in unserem Westpreußischenlied, mit der Milch und Honig als Schätze unser Heimat besungen werden konnten!

In dieser Zeit hielten schon viele Bauern einige Bienenvölker, denn sie trugen nicht nur Honig ein, sondern waren auch für das Bestäuben der Baumblüten unerlässlich und damit erste Voraussetzung für eine gute Obsternte. Der Lehrer und Dorfschulmeister unterhielt seine umfangreiche Imkerei aber nicht nur der Obstpflege und des Honigertrages wegen. Er führte die Kinder an das Wesen der Bienenzucht heran und eröffnete ihnen damit einen Blick in einen auf kleinstem Raum überschaubaren Kosmos unserer Lebenswelt. Von Paul Felske wissen wir, dass er ein passionierter Imker war, und manch einer unter uns wird sich an seinen alt gewordenen Lehrer erinnern, der die Imkerei auch noch in seinem Ruhestand betrieben hat und zu dem die Kinder gern kommen konnten, um ihn, gerüstet mit der vor Stichen schützenden Schleierhaube und große Dampfwolken ausstoßenden Kräuterpfeife, inmitten der Wunderwelt seiner Bienen zu bestaunen.

Diese ausführliche Betrachtung der so eingängigen Zeilen unseres Westpreußenliedes von Milch und Honig darf jedoch nicht den Eindruck erwecken, Paul Felske sei ein romantischer Schwärmer gewesen, dem es nur auf die Verklärung unseres Heimatbildes angekommen wäre. Und wir finden in den folgenden Versen auch nicht nur die allen Heimathymnen eigenen und oft genug deklaratorisch anmutenden Gelöbnisse und Treuebekundungen, sondern die schon fast beschwörend klingende Mahnung, des Fleißes und der Tüchtigkeit der Menschen unseres Heimatlandes eingedenk zu bleiben, die den besungenen Wohlstand erst zustande gebracht hat.

Die von uns oft mit einem Seufzer gesungene Zeile, in der sich Paul Felske wünscht, in der Erde seiner westpreußischen Heimat auch begraben zu sein, ist nicht nur eine in solchen Liedern wohlfeile sentimentale Schlussformel. Vielleicht hat dieser doch eigentlich nur Zuversicht, Zufriedenheit und Optimismus ausstrahlende Mensch eine Ahnung gehabt, dass es auch anders kommen kann.

Paul Felske ist am 12. Dezember 1914 gestorben. Er hat den Beginn jenes unseligen Krieges erlebt, aber nicht mehr die Zerreißung Westpreußens. Und er hat auch nicht mehr sehen müssen, dass sein Elternhaus schließlich wieder in Polen gestanden hat. Sein Wunsch, in der Heimat zur letzten Ruhe einzugehen, ist in Erfüllung gegangen – so werden wir diese Zeile verstehen müssen.

Wenn uns auch unsere Heimat verloren gegangen ist, unser Heimatlied ist uns geblieben, und so kann es umso mehr das Land sein, in dem Milch und Honig fließt.

Quellen

Hugo Rasmus: Vom Volksliedgut – Eine historische Übersicht, Münster 1997
(hieraus das Foto von Paul Felske, S. 63)

Gertrud Stendal: Die Heimathymnen der preußischen Provinzen und ihre Landschaften, Heidelberg 1919

Im Jahre 1920 ließ der damalige Erste Bürgermeister der Ordensstadt Marienburg (*Malbork*), Bernhard Pawelcik (1880-1970), Hugo Hartmann und Paul Felske im Stadtgarten von Marienburg ein schlichtes Denkmal setzen, mit zwei Findlingen, in denen in Goldschrift die Anfangsnoten des Westpreußenliedes eingraviert waren. Foto: Sammlung Günter Hagenau

Literatur

Ludwig Biewer: Quellen zur Geschichte Ost- und Westpreußens im Altbestand des Geheimen Staatsarchivs, in: Preußen und Berlin, Lüneburg 1981, S. 41-48; auch in: Altpreußische Geschlechterkunde NF 13 (1982), S. 45-49

Matthias Blazek: Das Kurfürstentum Hannover und die Jahre der Fremdherrschaft 1803-1813, Stuttgart 2007

Józef Borzyszkowski: Inteligencja polska w Prusach Zachodnich 1848-1920 (Die polnische Intelligenz in Westpreußen 1848-1920), Gdańsk 1986

Christopher Clark: Preußen – Aufstieg und Niedergang 1600-1947, München 2007

Ernst Graf Lippe-Weißenfeld (Bearb.): Westpreußen unter Friedrich dem Großen, nach urkundlichen Quellen, Thorn 1866

Roland Gehrke: Der polnische Westgedanke bis zur Wiedererrichtung des polnischen Staates nach Ende des Ersten Weltkrieges – Genese und Begründung polnischer Gebietsansprüche gegenüber Deutschland im Zeitalter des Nationalismus, Materialien und Studien zur Ostmitteleuropa-Forschung, Marburg 2001

Reinhard Hauf: „Die Oberpräsidenten von Ost- und Westpreußen 1871-1918", in: Klaus Schwabe (Hrsg.): Die preußischen Oberpräsidenten 1815-1945, Boppard am Rhein 1985, S. 105

Hans Hopf: Archivalien zur Geschichte Westpreußens im Bundesarchiv, in: Beiträge zur Geschichte Westpreußens, Bd. 3 (1970), S. 148-152

Heinz Neumeyer: Westpreußen – Geschichte und Schicksal, München 1993

Robert Oldach: Die Polenfrage und das Problem der Grenzziehung in der Deutschen Nationalversammlung 1848, München 2011

Hugo Rasmussen: Pommerellen Westpreußen 1919-1939, München 1989

Gotthold Rhode: Vom Königlichen Preußen zur preußischen Provinz Westpreußen 1466-1772, in: Schlesien und Pommern in den deutsch-polnischen Beziehungen vom 16. bis 18. Jahrhundert, XVI. deutsch-polnische Schulbuchkonferenz der Historiker vom 9.-14.6.1981 in Zamość, Braunschweig 1982, S. 44-65

Hans Freiherr v. Rosen: Bilanz – Das deutsche Gut in Posen und Pommerellen, Hameln 1972

Herbert Schindler: Mosty und Dirschau 1939, Einzelschriften zur militärischen Geschichte des Zweiten Weltkrieges, 2., veränderte Auflage, Freiburg im Breisgau 1979, S. 101-158

Walter Schlusnus (Hrsg.): Große Ost- und Westpreußen: Geistestaten – Lebensfahrten – Abenteuer, München 1959

Bruno Schumacher: Geschichte Ost- und Westpreußens, Würzburg 1977

Walther Threde (Hrsg.), Peter Nasarski (Hrsg.): Polen und sein preußischer Streifen 1919-1933 – Die Deutsche Volksgruppe in Posen und Pommerellen, Berlin/Bonn 1983

Franz Thunert (Hrsg.), Akten der Ständetage Preußens, königlichen Anteils (Westpreußen), Band I: 1466-1479, Schriften des westpreußischen Geschichtsvereins, Danzig 1896, Neudruck Aalen 1979

Harry Herbert Tobies: Tausend Jahre Danzig, Berg 1997

Michael Welder: Reise nach Danzig – Auf Spurensuche in Westpreußen zur „Königin der Ostsee", Leer 1989

Ortsregister

Rosenberg (Susz)	3181	50,68,77,81
Schlochau (Człuchów)	3616	
Schloppe (Człopa)	1957	
Schöneck (Skarszewy)	3494	17,88,101
Schönsee (Kowalewo Pomorskie)	3356	
Schwetz (Świecie)	8042	14,104
Strasburg (Brodnica)	7951	18,86
Stuhm (Sztum)	3091	61,68,117,129
Thorn (Toruń)	46227	13ff.,93ff.,127
Tiegenhof (Nowy Dwór Gdański)	2901	42,101f.
Tolkemit (Tolkmicko)	3302	98
Tuchel (Tuchola)	4232	108
Tütz (Tuczno)	2096	
Vandsburg (Więcbork)	3158	
Zempelburg (Sępólno Krajeńskie)	3818	108
Zoppot (Sopot)	15015	73,121f.

Postkarte von Tolkemit-Cadinen, undatiert. Repro: Blazek

137

Personenregister

Sachregister

Danke!

Der Verfasser bedankt sich herzlich bei folgenden Personen für die Unterstützung:

Günter Hagenau, Heimatkreisvertreter von Marienwerder

Reinhard Wenzel, Verein für Familienforschung in Ost- und Westpreußen e.V.
(VFFOW)

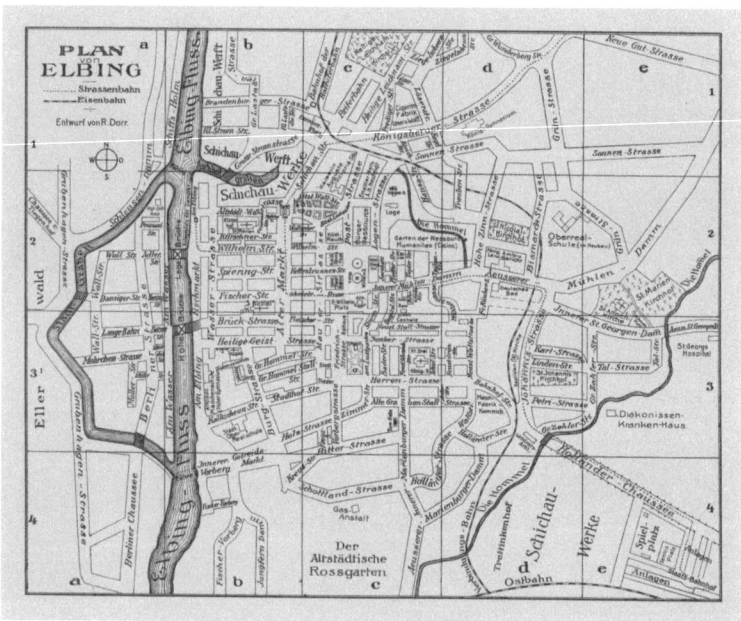

Plan von Elbing um 1911. Repro: Blazek

140

DER VERFASSER

Matthias Blazek

Heimatkundler.

Veröffentlichungen:

Dörfer im Schatten der Müggenburg, 1997.
L'Histoire des Sapeurs-Pompiers de Fontainebleau, 1999.
Ahnsbeck, 2003.
75 Jahre Sportverein Nienhagen von 1928 e.v., 2003.
Dorfgeschichte Wiedenrode, 2004.
Die Geschichte der Bezirksregierung Hannover im Spiegel der
Verwaltungsreformen, 2004.
Dorfchronik Nienhof, 2005.
Schillerslage, 2005.
75 Jahre Ortsfeuerwehr Wienhausen, 2005.
Hexenprozesse – Galgenberge – Hinrichtungen – Kriminaljustiz im Fürstentum Lüneburg und im Königreich Hannover, 2006.
Das niedersächsische Bandkompendium 1963-2003, 2006.
Das Löschwesen im Bereich des ehemaligen Fürstentums Lüneburg von den Anfängen bis 1900, 2006.
Das Kurfürstentum Hannover und die Jahre der Fremdherrschaft 1803-1813, 2007.
75 Jahre Niedersächsische Landesfeuerwehrschule Celle 1931-2006, 2007.
Celle – Neu entdeckt, 2007.
Geschichten und Ereignisse um die Celler Neustadt, 2008.
Die Hinrichtungsstätte des Amtes Meinersen, 2008.
Haarmann und Grans – Der Fall, die Beteiligten und die Presseberichterstattung, 2009.
Carl Großmann und Friedrich Schumann – Zwei Serienmörder in den zwanziger Jahren, 2009.
Helmerkamp – unser Dorf, 2009.
Unter dem Hakenkreuz: Die deutschen Feuerwehren 1933-1945, 2009.
Wathlingen – Geschichte eines niedersächsischen Dorfes, Band 3, 2009.
100 Jahre Musikzug der Freiwilligen Feuerwehr Eldingen 1910-2010, 2010.
Scharfrichter in Preußen und im Deutschen Reich 1866-1945, 2010.
Die Geschichte des Feuerwehrwesens im Landkreis Celle, 2010.
Im Schatten des Klosters Wienhausen – Dörfliche Entstehung und Entwicklung im Flotwedel, ausgeführt und erläutert am Beispiel der Ortschaften Bockelskamp und Flackenhorst, 2010.
Die Geschichte der Grund- und Hauptschule Neustadt 1885-2010, 2010.
40 Jahre Kindergarten in Großmoor, 2010.
Die Anfänge des Celler Landgestüts und des Celler Zuchthauses sowie weiterer Einrichtungen im Kurfürstentum und Königreich Hannover 1692-1866, 2011.
Die Grafschaft Schaumburg 1647-1977, 2011.
Die Brüder Wilhelm und Friedrich Reindel – Scharfrichter im Dienste des Norddeutschen Bundes und Seiner Majestät 1843-1898, 2011.
Westpreußen – Das Land an der unteren Weichsel, 2012.
Die Schlacht bei Trautenau am 27. Juni 1866, 2012.

Zahlreiche weitere Aufsätze und Quellenveröffentlichungen zur niedersächsischen Landesgeschichte.

141

Im Buch verwendete Abkürzungen

AfS	Archiv für Sippenforschung
Aufl.	Auflage
Bd.	Band
Bearb.	Bearbeiter
betr.	betreffend
BGBl.	Bundesgesetzblatt
BGW	Beiträge zur Geschichte Westpreußens
Bl.	Blatt
Dep.	Depositum
ders.	derselbe
f.	folgend
FN	Fußnote
GStA PK	Geheimes Staatsarchiv Preußischer Kulturbesitz Berlin
Hgg.	Herausgeber (Mehrzahl)
hrsg.	herausgegeben
Hrsg.	Herausgeber(in)
JCS	Joint Chiefs of Staff
Jg.	Jahrgang
Nr.	Nummer
NSDAP	Nationalsozialistische Deutsche Arbeiterpartei
Rep.	Repositorium
S.	Seite
SS	Schutzstaffel (der NSDAP)
u. a.	unter anderem
u. s. w.	und so weiter
Urk.	Urkunde
vgl.	vergleiche
z.B.	zum Beispiel
ZfO	Zeitschrift für Ostforschung
zit. n.	zitiert nach
ZWestprGV	Zeitschrift des Westpreußischen Geschichtsvereins

Matthias Blazek

"Herr Staatsanwalt, das Urteil ist vollstreckt."

Die Brüder Wilhelm und Friedrich Reindel

Scharfrichter im Dienste des Norddeutschen Bundes und Seiner Majestät 1843–1898

ISBN 978-3-8382-0277-8
166 S., Paperback, € 18,90

Erhältlich in jeder Buchhandlung
oder direkt bei

ibidem

Matthias Blazek legt mit diesem Buch die erste ausführliche Lebensbeschreibung der beiden Scharfrichterbrüder Wilhelm und Friedrich Reindel vor. Dass es die erste derartige Aufarbeitung ist, zeigt wiederum, wie wenig sich die Geschichtswissenschaft bislang diesem Bereich gewidmet hat, obwohl Scharfrichter sehr wohl im besonderen öffentlichen Augenmerk ihrer Zeitgenossen standen – je öfter sie tätig wurden, desto bekannter waren sie auch.

So zählte Friedrich Reindel (1824–1908), Patenkind des Preußenkönigs Friedrich Wilhelm I., zu den bekanntesten Scharfrichtern Deutschlands und wurde gar mit dem Spitznamen „Vater Reindel" belegt – was wohl auch dem Umstand geschuldet ist, dass er noch bis ins hohe Alter als Scharfrichter mit dem Handbeil Enthauptungen vornahm. In den letzten Jahrzehnten des 19. Jahrhunderts wurden fast alle Todesurteile im norddeutschen Raum durch ihn vollstreckt.

Während Friedrich Reindel von 1874 bis 1898 seines grausigen Amtes waltete, war vor ihm sein älterer Bruder Wilhelm Reindel (1813–1872) der Hauptakteur der Jahre 1852 bis 1870. Er war gemeint, wenn vom „Scharfrichter des norddeutschen Bundes" oder dem „Scharfrichter aus Werben in der Altmark" die Rede war. Sein jüngerer Bruder assistierte ihm dabei bereits bei 40 Hinrichtungen.

Der Autor:

Matthias Blazek, Journalist und Historiograph, knüpft mit seinem jüngsten Werk an sein vielbeachtetes Buch *Scharfrichter in Preußen und im Deutschen Reich 1866–1945* (ISBN 978-3-8382-0107-8) an.

Matthias Blazek

Die Anfänge des Celler Landgestüts und des Celler Zuchthauses

sowie weiterer Einrichtungen
im Kurfürstentum und Königreich Hannover 1692–1866

ISBN 978-3-8382-0247-1
154 S., Paperback, € 18,90

Erhältlich in jeder Buchhandlung
oder direkt bei

ibidem

Matthias Blazek beschreibt anschaulich und auf Grundlage zahlreicher historischer Urkunden Landstriche, Begebenheiten und Schicksale auf heutigem niedersächsischem Gebiet, wobei er in seinem jüngsten Werk den Fokus auf das Kurfürstentum Hannover (1692-1814) und das daraus hervorgegangene Königreich Hannover (1814-1866) richtet. Getreu dem kurhannoverschen Wahlspruch *Nec Aspera Terrent (Auch Widrigkeiten schrecken nicht)* begab sich der Autor erneut in die Tiefen der Archive der niedersächsischen Landesgeschichte und trug dabei Erstaunliches und Faszinierendes zusammen, darunter auch bislang nahezu gänzlich unbekannte Details zur Geschichte des Celler Landgestüts, beginnend mit dem ersten Gestütsleiter, George Roger Brown, und des Celler "Werck-, Zucht- und Tollhauses", der heutigen Justizvollzugsanstalt Celle. Weitgehend unbekannt dürften auch die Bilddokumente zum Bau einer der ältesten hannoverschen Eisenbahnen sein, der Bahnstrecke Lehrte-Celle.

Wie kein Zweiter vermag Matthias Blazek Geschichte für jedermann erlebbar zu machen und den Leser in seinen Bann zu schlagen. Plastisch und spannend schildert er niedersächsische Landesgeschichte, flankiert von zahlreichen veranschaulichenden historischen Fotos, Illustrationen und Faksimiles.

Ein Buch, das sich an jeden wendet, der an niedersächsischer Landesgeschichte interessiert ist.

Matthias Blazek

Die Grafschaft Schaumburg 1647–1977

ISBN 978-3-8382-0257-0
154 S., Paperback, € 18,90

Erhältlich in jeder Buchhandlung
oder direkt bei

ibidem

Der Landkreis Grafschaft Schaumburg, der von 1948 bis 1977 bestand und dessen Kreishauptstadt Rinteln war – mit dem daraus resultierenden Kfz-Kennzeichnen *RI* –, ist vielen Menschen noch bis heute in Erinnerung.

Matthias Blazek beschreibt in seinem Werk zur Geschichte der Grafschaft Schaumburg anschaulich und auf Grundlage historischer Urkunden und Darstellungen zahlreiche Landstriche, Begebenheiten und Schicksale auf heutigem Schaumburger Gebiet im Zeitraum von 1647 bis 1977. Er förderte bei seinen umfangreichen Recherchearbeiten auch bislang unbekannte Details wieder zu Tage, beispielsweise zur vermeintlichen Vergiftung des Grafen Otto im Jahre 1640.

Matthias Blazek beweist mit diesem Werk aufs Neue, dass er es wie kein Zweiter versteht, regionalhistoriographisch packend zu berichten und Vergangenes für den Leser wieder lebendig werden zu lassen. Kein Ort der ehemaligen Grafschaft Schaumburg bleibt unerwähnt. Ausführliche Orts-, Personen- und Sachregister helfen dem interessierten Leser wie dem Heimatkundler bei der gezielten Suche.

Matthias Blazek

Im Schatten des Klosters Wienhausen

Dörfliche Entstehung und Entwicklung im Flotwedel,
ausgeführt und erläutert am Beispiel
der Ortschaften Bockelskamp und Flackenhorst

ISBN 978-3-8382-0157-3
154 S., Paperback, € 15,90

Erhältlich in jeder Buchhandlung
oder direkt bei

ibidem

Bockelskamp und Flackenhorst finden sich als vereinzelt liegende Ortsteile der Gemeinde Wienhausen zwischen der Bundesstraße 214 und der Aller in der Nähe von Celle. Matthias Blazek beschreibt in seinem Werk anschaulich und auf Grundlage zahlreicher historischer Urkunden die Entwicklung der beiden Ortschaften, die erstmals 1233 urkundlich erwähnt wurden – nämlich in den Akten des Klosters Wienhausen, in dessen wirtschaftlichem und sozialen Umfeld sie sich bereits damals befanden, was auch und gerade in der Jahrhunderte währenden Abgabenpflicht gegenüber dem Kloster manifest wird.

In der Geschichte der in Hinblick auf die Anzahl der Einwohner über die Jahrhunderte ungewöhnlich stabilen Ortschaften finden sich interessante Fakten, erstaunliche Anekdoten und bemerkenswerte Beispiele für Bürgersinn – wie er sich zum Beispiel in der Schulgründung der renitenten Flackenhorster zeigt, die trotz eines ablehnenden Bescheids 1699 kurzentschlossen ihre eigene Schule für die damals 14 Schulkinder gründeten.

Der Journalist und Historiker Matthias Blazek versteht es wie kein Zweiter, den Leser mit lebendig, spannend und zugleich authentisch vorgetragener Regionalhistoriographie in seinen Bann zu schlagen. Durch die Einbettung in die größere politische und wirtschaftliche Entwicklung wird die Regionalentwicklung auch zum Spiegel eines Teils der Geschichte Mitteleuropas. – "Wer nicht weiß, woher er kommt, der weiß auch nicht, wohin er geht!"

Matthias Blazek

Die Geschichte des Feuerwehrwesens im Landkreis Celle

Ausgeführt und erläutert am Beispiel der 1910 gegründeten Ortsfeuerwehr Beedenbostel

ISBN 978-3-8382-0147-4
154 S., Paperback, € 15,90

Erhältlich in jeder Buchhandlung
oder direkt bei

ibidem

1905 legte eine Feuersbrunst in Beedenbostel 15 Wohngebäude in Schutt und Asche. Sie machte den Einwohnern bewusst, dass ihnen gegen ein einmal außer Kontrolle geratenes Feuer nur völlig unzureichende Maßnahmen und Ressourcen zur Verfügung standen – ein paar Dutzend lederne Wassereimer, Feuerhaken und Leitern sowie die wohlgemeinte Hilfe aller Anwohner waren zur Eindämmung und Löschung von Großbränden nicht mehr ausreichend.

Matthias Blazeks Buch über die Geschichte des Feuerwehrwesens im Landkreis Celle, ausgeführt und erläutert am Beispiel der Ortsfeuerwehr Beedenbostel, schließt erneut eine Lücke in der regionalkundlichen Geschichtsschreibung. Blazek präsentiert anschaulich 100 Jahre Feuerwehrgeschichte und Feuerlöschwesen in der Region und setzt sich dabei mit der besonderen Rolle Beedenbostels in Bezug auf das Feuerlöschwesen in vergangenen Zeiten auseinander, so dass das Buch auch einen Gutteil Beedenbosteler Ortsgeschichte widerspiegelt. Am Schluss des Werkes hilft ein Ortsregister dem interessierten Leser bei der Recherche.

Blazek legt ein neues Standardwerk für Feuerwehr-Historiker und aktive Feuerwehrmänner der Region vor, welches das vorhandene Schrifttum über das Feuerwehrwesen im Landkreis Celle informativ und sinnvoll ergänzt.

Matthias Blazek

Scharfrichter
in Preußen und im Deutschen Reich
1866 - 1945

ISBN 978-3-8382-0107-8

154 S., Paperback, € 15,90

Erhältlich in jeder Buchhandlung
oder direkt bei

ibidem

Die Scharfrichter in Preußen und im Deutschen Reich sind ein bislang von der Geschichtswissenschaft weitgehend ausgesparter Bereich. Nachkommen lassen sich allerorten recherchieren; lediglich die ganz prominenten Gestalten, die zum Tode verurteilte Menschen hinrichteten, scheinen, was die familiären Verhältnisse anbetrifft, nicht greifbar zu sein.

Die weithin verbreitete Ansicht, Scharfrichter und ihre Familien hätten eine Außenseiterrolle gespielt, stellt sich bei näherer Betrachtung als nicht zutreffend heraus. Es erscheint vielmehr ein völlig neues Bild dieser Gruppe vermeintlicher gesellschaftlicher Außenseiter, die - wenigstens seit Beginn des 19. Jahrhunderts - sehr wohl Zugang zum bürgerlichen Leben hatte.

Und während der Scharfrichter bis 1933 vorwiegend Mörder hinzurichten hatte, waren es ab dem Zeitpunkt der nationalsozialistischen Machtergreifung in immer weiter zunehmendem Umfang Menschen, die dem Regime bedrohlich schienen, Menschen, die in Zeiten von nationalsozialistischer Diktatur und staatlich vorgegebener Fremdenfeindlichkeit dennoch ihre Meinung sagten. Hier tauchen am Ende unvorstellbar hohe Zahlen von hingerichteten Personen auf, insbesondere in der Strafanstalt Berlin-Plötzensee. Vor den schieren Zahlen droht der Umstand zu verschwimmen, dass jeder einzelne hingerichtete Mensch Opfer der nationalsozialistischen Gewaltherrschaft wurde und seine staatlich angeordnete Ermordung mit einem tragischen persönlichen Schicksal verknüpft ist.

Spätestens seit 1937 traten in Deutschland die meisten Scharfrichter als anonyme Personen auf, über deren Tätigkeit in der Öffentlichkeit nahezu nichts bekannt war. Nach außen hin waren sie Justizangestellte, ihre Gehilfen Justizhelfer. Selbst Decknamen wurden vergeben.

Dieser Deckmantel der Anonymität hat zur Folge, dass nur wenig über ihr Leben und ihr grausames Wirken im Staatsdienst bekannt beziehungsweise überliefert ist. Lediglich der justizbehördliche Schriftverkehr liegt noch in den Landesarchiven und im Bundesarchiv Berlin vor. Selbst von den vollzogenen Hinrichtungen zeugen nur relativ selten Notizen in den Tageszeitungen. Die Scharfrichter wurden von den Nationalsozialisten stets genau instruiert, über ihre Arbeit „strengstes Stillschweigen" zu bewahren.

Der Journalist Matthias Blazek, Jahrgang 1966, legt erneut ein Buch zu einem bislang wenig im Augenschein der Öffentlichkeit stehenden Thema vor, das nichtsdestotrotz große Beachtung verdient hat. Die von ihm in mühevollen Detailrecherchen ausgegrabenen Fakten ergeben ein aufschlussreiches – und mitunter schockierendes – Bild der Scharfrichter in Preußen und im Deutschen Reich von 1866 bis 1945.

Matthias Blazek

Carl Großmann und Friedrich Schumann

Zwei Serienmörder in den zwanziger Jahren

ISBN 978-3-8382-0027-9

152 S., Paperback, € 15,90

Erhältlich in jeder Buchhandlung
oder direkt bei

ibidem

Der Serienmörder ist ein Medienphänomen des 20. Jahrhunderts. Als Serienmörder werden Menschen bezeichnet, die mit zeitlichem Abstand drei oder mehr Menschen ermordet haben.

Seit den zwanziger Jahren des 20. Jahrhunderts hat es in Deutschland zahlreiche Serienmorde gegeben. Berichte über Mordtaten waren geeignet, in der Bevölkerung Entsetzen über den sittlichen Verfall der Nation hervorzurufen. Bemerkenswert ist die relativ große Anzahl von Serienmördern, die, insbesondere zu Beginn der Weimarer Republik, in der Zeit nach dem Ersten Weltkrieg auftrat.

Friedrich Schumann (1893-1921) kann man als ersten Serienmörder der Neuzeit in Deutschland bezeichnen. Inzwischen ist er fast völlig in Vergessenheit geraten. Sein Spitzname: „Der Massenmörder vom Falkenhagener See". Sein Wirkungsort: das heutige Falkensee. Schumann wurde am 27. August 1921 im Strafgefängnis Plötzensee enthauptet.

Carl Großmann (1863-1922), ein sexueller Sadist wie aus dem Lehrbuch, wird als die Bestie vom Schlesischen Bahnhof bezeichnet. Fast ein Jahr lang tauchte sein Name in den Gazetten auf, fast ein Jahr lang versuchten die Behörden, Licht in das Dunkel um Großmanns Verbrechen zu bringen. Hingebungsvoll war Carl Großmann angeblich nur zu seinem Zeisig – sein innigster Wunsch soll die Anschaffung dieses Vogels gewesen sein. Großmann wurde des Mordes in drei Fällen überführt, er erhängte sich vor dem Ende der Hauptverhandlung am 5. Juli 1922. Zu diesem Fall wertete Matthias Blazek die komplette Akte aus dem Landesarchiv Berlin aus.

Beide Fälle werden in diesem Band erstmals ausführlich dargestellt. Matthias Blazek legt dabei bislang unveröffentlichte Fotos sowie neue Erkenntnisse aus der Auswertung zuvor unbeachteter Quellen vor. Ergänzend fügt Blazek am Schluss noch eine kurze Darstellung der 'Denke-Affäre' hinzu. Der Serienmörder und Kannibale Karl Denke ermordete zwischen 1903 und 1924 in Münsterberg in Schlesien mindestens 31 Menschen und entzog sich am 22. Dezember 1924 der Justiz durch Selbstmord.

Matthias Blazek

Haarmann und Grans

**Der Fall, die Beteiligten
und die Presseberichterstattung**

ISBN 978-3-89821-967-9

152 S., Paperback, € 15,90

Erhältlich in jeder Buchhandlung
oder direkt bei

ibidem

Es war das Top-Thema in der Presse: Am 23. Juni 1924 wurde der Serienmörder Friedrich „Fritz" Haarmann in Hannover verhaftet. Er hatte seit 1918 nachweislich 24 junge Männer ermordet.

Der als Polizeispitzel und Detektiv arbeitende Kaufmann war zwar geständig, bekannte sich aber nur zu 21 Morden und bestritt den Vorwurf, Teile der Leichen der Ermordeten verspeist zu haben. Seine Opfer lernte Haarmann im Bahnhofsmilieu kennen. Nachdem er sie in seine Wohnung gelockt hatte, durchbiss er ihnen die Kehle oder erwürgte sie.

Haarmann war den Behörden zwar schon seit 1918 als Triebtäter bekannt, er konnte jedoch erst 1924 nach dem Fund mehrerer menschlicher Schädel in der Leine und durch den Einsatz von Kriminalinspektor Hermann Lange festgenommen werden. Der Fall um Haarmann wurde zum aufsehenerregendsten Kriminalfall seiner Zeit. Die genaue Zahl seiner Opfer konnte nie ermittelt werden, da Haarmann im Größenwahn und mit dem Ziel, den Ermittlern zu gefallen, auch Morde gestand, die er nie begangen hatte. Der Psychiater Ernst Schultze, der vor Haarmanns Hinrichtung am 15. April 1925 mehrere Wochen lang Gespräche mit ihm führte, schloss jedoch eine psychische Erkrankung aus.

Matthias Blazek setzt neue Schwerpunkte in der Betrachtung des Falles Haarmann. Hier stehen weniger die Vorgeschichte und die Taten im Vordergrund als die Ereignisse seit Haarmanns Festsetzung. Zudem wertet Blazek erstmals den kompletten Presserummel um den „Werwolf von Hannover" aus.

Bislang unveröffentlichte Fotos sowie neue Erkenntnisse und Quellen werden angeführt, und auch bislang wenig beachtete Randnotizen werden einer Betrachtung unterzogen. Als Beispiel seien die Hintergründe zum Scharfrichter Carl Gröpler genannt, der die Fallschwertmaschine bediente, mit der Haarmann hingerichtet wurde, sowie der Aufenthalt Haarmanns in der Gefangenenarbeitsstelle Jägerheide bei Celle, die verwandtschaftlichen Beziehungen Haarmanns und der Wiederaufnahmeprozess gegen Grans. Bisher in der Literatur widersprüchlich dargestellte Informationen werden nun auf Quellen basierend aufgearbeitet.

Matthias Blazek

Unter dem Hakenkreuz

Die deutschen Feuerwehren 1933-1945

ISBN 978-3-89821-997-6
154 S., Paperback, € 15,90

Erhältlich in jeder Buchhandlung
oder direkt bei

ibidem

In diesem Werk wendet sich der Journalist und Historiker Matthias Blazek der Geschichte des Feuerwehrwesens in Deutschland zu, und zwar speziell in den Jahren der nationalsozialistischen Herrschaft 1933-1945. Mit der Machtergreifung der Nationalsozialisten startete die Gleichschaltung der Behörden und Einrichtungen. Ein erster Schritt, die Feuerwehren einzugliedern, war das preußische Feuerlöschgesetz von 1933. Die Feuerwehren unterstanden nun nicht mehr der gemeindlichen Aufsicht, sondern den Polizeiaufsichtsbehörden. In den folgenden Jahren wurde das Gesetz auf das gesamte Reich übertragen. Demokratisch denkende Führungskräfte wurden sukzessive gegen Parteitreue ausgetauscht. Einheitliche Satzungen bildeten die Rechtsgrundlage, die keine Ausnahmen mehr zuließ. Gegen Ende des Zweiten Weltkriegs wurden die freiwilligen Feuerwehren Deutschlands dem SS-Strafgesetz von Heinrich Himmler unterstellt. Matthias Blazek gelingt es in seiner Studie, die wohl schwerste Zeit für die freiwilligen Feuerwehren Deutschlands differenziert zu betrachten. Der Leser erfährt, dass für die jüdischen Mitbürger kein Platz mehr war unter den Freiwilligen der Feuerwehren.

Auch die großen Bombardements, denen Deutschland ab 1940 ausgesetzt war, werden aus Feuerwehrsicht thematisiert. Beispiele aus zahlreichen Ortsfeuerwehren machen die sachliche Analyse anschaulich. Am Ende helfen Orts- und Personenregister dem Forscher auf der Suche nach Fakten.

Dem Journalisten Matthias Blazek, Jahrgang 1966, ist mit diesem Buch ein besonderes Werk gelungen, das das vorhandene Schrifttum über das deutsche Feuerwehrwesen sinnvoll ergänzt. Ein Muss nicht nur für den Feuerwehr-Historiker und aktiven Feuerwehrmann. Dieses Buch spiegelt auch ein Gutteil deutsche Geschichte wider und zeigt auf, wie wichtig die Güter Demokratie, das Recht auf Mitbestimmung und auf freie Meinungsäußerung sind.

ibidem-Verlag

Melchiorstr. 15

D-70439 Stuttgart

info@ibidem-verlag.de

www.ibidem-verlag.de
www.ibidem.eu
www.edition-noema.de
www.autorenbetreuung.de